Harald Pühl

Die innere und äußere Triade

Therapie & Beratung

Harald Pühl

Die innere und äußere Triade

Beratungshaltung im Spiegel der persönlichen Biografie

Mit einem Nachwort von Klaus Obermeyer

Psychosozial-Verlag

Bibliografische Information der Deutschen Nationalbibliothek
Die Deutsche Nationalbibliothek verzeichnet diese Publikation in der Deutschen Nationalbibliografie; detaillierte bibliografische Daten sind im Internet über http://dnb.d-nb.de abrufbar.

Originalausgabe

E-Mail: info@psychosozial-verlag.de
www.psychosozial-verlag.de

Umschlagabbildung: Wassily Kandinsky, *Bunt im Dreieck*, 1927
Umschlaggestaltung und Innenlayout nach Entwürfen von Hanspeter Ludwig, Wetzlar
ISBN 978-3-8379-3210-2 (Print)
ISBN 978-3-8379-7921-3 (E-Book-PDF)

Inhalt

Wenn man schreibt, schreibt man
immer über sich selbst. Es ist
abwechselnd wunderbar, schmerzhaft,
narzisstisch, therapeutisch, herrlich,
befreiend, tieftraurig, beflügelnd,
deprimierend, langweilig, belebend.

Doris Dörrie

Einleitung

Nun beschäftige ich mich schon seit Anfang den 1980er Jahren mit dem Thema Triangulierung. Doch erst durch diese Arbeit ist mir in der Tiefe bewusst geworden, wie stark das Thema mit mir verbunden ist, wie stark meine Kindheitsgeschichte durch Erfahrungen von Ausgrenzung, Anbindung und Spaltung geprägt ist. So ist es sicherlich kein »Zufall«, dass mich das Thema nicht loslässt, und es bewahrheitet sich auch hier, dass die Leidenschaft für Theorien biografisch tief verwurzelt ist. Mein Dank gilt all den Menschen, die mich im Laufe der Jahrzehnte auf meinem Weg als Kolleginnen und Kollegen sowie als Kundinnen und Kunden begleitet haben.

Liebe Leserin, lieber Leser, Sie können das Werk in der vorliegenden Form als Ganzes lesen, oder auch die Theorie- und Biografieanteile getrennt. Beides hat seinen Reiz. Ich würde mich freuen, wenn es auf die eine oder andere Weise anregen kann, Triangulierung als etwas Spannendes in beruflicher und persönlicher Hinsicht zu erforschen.

So viel vorab: Sich in einem (Beratungs-)System triadisch zu bewegen bedeutet vereinfacht gesagt, in Dreiecksbeziehungen zu denken und entsprechend zu handeln. Ein Aspekt dessen ist, sich möglichst nicht in Bündnissen zu verstricken. Bündnisse vereinfacht als »zwei gegen einen« gedacht (Systemiker sprechen von Koalitionen). Das scheint auf den ersten Blick nicht so anspruchsvoll, denken wir an das Mediationsverfahren, dort spricht man von Allparteilichkeit. In meinem Verständnis handelt es sich beim triadischen Denken und Handeln in erster Linie um eine *intrapsychische* Leistung. Es geht immer darum die *Position des Dritten* zu finden und einzunehmen.

> »Triadisch denken ist ein paradoxales gegensätzliches Prinzip: Es reduziert Komplexität und steigert Dimensionalität zugleich. Es ist eine Art zu denken, es besagt nichts darüber, wie die Dinge ›wirklich‹ sind. Aber wenn wir dies Prinzip ausbauen und auf etwas wenigstens aus drei Blickpunkten schauen können, [...] dann können wir einigermaßen sicher sein, daß wir einen Zipfel der Wirklichkeit erwischt haben« (Buchholz 1993, S. 8).

In diesem Sinne entspricht die Dreidimensionalität der sogenannten systemischen Perspektive.

Dass diese Perspektive so leicht aus dem Blick gerät, so meine These, hat oftmals in unseren biografischen Familien- und Schulerfahrungen seine Ursache. Viele von uns werden wechselnde Bündniserfahrungen erlebt haben und auch deren Instabilität mit Ausschluss- und Vereinnahmungsängsten.

Deshalb wird es nicht überraschen, wenn ich hier zwei scheinbar sehr unterschiedliche Herangehensweisen an die Betrachtung des Triadischen verbinde. Anhand meiner theoretisch-praktischen Ausführungen zum einen und zum anderen mittels meiner biografischen Notizen werde ich versuchen, die auf den ersten Blick einfache Triade zu verdeutlichen. Die Verwunderung lässt sich dahingehend auflösen, dass ich davon ausgehe, dass gerade die *triadische Grundangst*, ein Kerngedanke zum triadischen Verständnis, ohne unsere biografischen Muster verständnismäßig im Dunkeln verborgen bleibt.

Das triadische Denken als Eckpfeiler professioneller Beratung habe ich zuerst 1998 formuliert. Dem lag die Erfahrung zugrunde, dass wir als junge SupervisorInnen zu Beginn in den 1980iger Jahre Teamberatungen im Jugendhilfebereich mit dem Schwerpunkt Heimerziehung durchgeführt haben. Getragen waren unsere Beratungen mit den Teams von der Lust, ihre Leitungen zu kritisieren. Stoff in dieser Richtung boten sie allemal. Wir waren Verbündete der Teams, wobei deren Mitarbeitende zu diesem Zeitpunkt des Aufbruchs auch keine andere Positionierung zugelassen hätten.

Später habe ich unsere Supervision als Subversion (Pühl 1998) beschrieben. Dem lag die ernüchternde Erfahrung zugrunde, dass unser parteiliches Bündnis mit den Teams institutionell im Grunde nichts verändert hat. Zum Teil verließen die engagierteren Mitarbeitenden die Einrichtung, weil sie spürten, in den verkrusteten Strukturen nicht viel bewirken und ihre Potenziale nicht entfalten zu können. Zurück blieben oft die weniger Qualifizierten und Resignierten. Für die KlientInnen der Einrichtungen hat sich durch unsere Arbeit nichts Wesentliches verbessert. Vielleicht sogar im Gegenteil, denn die aufgebaute Frontstellung führte eher zu einer Verhärtung im Umgang untereinander.

Es brauchte einige Zeit, um zu erkennen, dass wir dadurch weder den Teams noch ihren KlientInnen eine wirkliche Hilfe waren. Denn auch die PädagogInnen in der damaligen Jugendhilfe suchten das Bündnis mit den von ihnen betreuten Jugendlichen und Kindern gegen deren Eltern, die sie im Stich gelassen hatten. Es kam immer wieder vor, dass sich beispielsweise FamilienhelferInnen und HeimerzieherInnen mit ihren direkten KlientInnen, also den Kindern, gegen deren Eltern verbündeten und die Eltern so unbewusst aus dem Entwicklungsprozess ausschlossen. Natürlich blieb das für beide Seiten selten ohne Folgen: Die unsichtbaren starken Bindungen an die Eltern einerseits und die Identifikation mit den HelferInnen andererseits brachte die Betreuten in unauflösbare Loyalitätskonflikte. Oder aber die Eltern fühlten sich bedroht und versuchten, die Beziehung der Kinder zu den HelferInnen zu boykottieren.

Die Supervision wurde dann oft zu dem Ort, an dem die Mehrdimensionalität der Beziehungen bearbeitet werden konnte, der den MitarbeiterInnen half, sich auf die Dreiecksbeziehungen einzulassen. Wenn das nicht gelang, wenn die eigenen Widerstände und Triangulierungsängste zu groß wurden, führte das oft zum Abbruch der HelferIn-KlientIn-Beziehung, zumindest aber stagnierte die Arbeit und damit die mögliche Entwicklung aller Beteiligten.

Wie gesagt, es brauchte einige Zeit, um diese negative Dynamik zu erkennen und zu sehen, dass wir unreflektiert zu MitspielerInnen wurden. Sich von dem politisch wertvoll erachteten Mantra »Wir gegen den Rest der Welt« zu verabschieden, bedeutete auch die Aufgabe des lustvoll Subversiven (vgl. Pühl 1998).

Das Erkennen des lustvollen, im Grunde aber destruktiven Charakters unserer Arbeit eröffnete die Möglichkeit, über triadisches Denken und Handeln nachzudenken: Einen Weg zu finden, der aus dem »Wir gegen den Rest der Welt« (und ihre vermeintlichen Autoritäten) zu einem umfassenderen Blick führte: der Triade – davon nachfolgend mehr. An dieser Stelle schon so viel: Das Beratungs- und Fortbildungsinstitut, das wir zu dritt 1983 gegründet haben, nannten wir aus diesen Erfahrungen programmatisch *Triangel*.

Inzwischen hat dieser Anstoß auch im systemischen Denken einen Platz gefunden (vgl. Riefort 2006), ebenso im psychodynamischen Beratungsverständnis (vgl. Tietel 2004, Busse & Tietel 2018, Grieser 2011). Ich denke, dass die biografischen Primärerfahrungen in der bürgerlichen Kleinfamilie die Tür zu einem besseren Verständnis öffnen können. FamilientherapeutInnen machen immer wieder die Erfahrung starker Abhängigkeitsbindung eines Elternteils an das Kind, quasi als Partnerersatz. Wir sprechen dann von Parentifizierung. Bündnisse im Familienkontext erweisen sich häufig als ausgesprochen fragil, sie sind nämlich ständig davon bedroht, aufgelöst zu werden beziehungsweise sich anders zu formieren. Die Angst vor Ausstoßung ist den Bündnissen immanent. Verkürzt gesagt hat die *triadische Grundangst* hier ihre Wurzeln. Deren Kehrseite ist die Angst vor Einschluss und vor Vereinnahmung.

Somit ist die Triade nicht nur etwas Äußeres, sondern durch ihre psychodynamische Unwucht von besonderer Brisanz. Diese Brisanz nenne ich die *triadische Grundangst.*

Vielleicht wird jetzt verständlich, warum ich in diesem Kontext meine biografischen Notizen der Leserin und dem Leser zur Verfügung stelle. Dabei verzichte ich auf einfache Wenn-dann-Kausalitäten. Das Leben ist zu komplex für einfache Herleitungen. Nehmen Sie meine biografischen Notizen als das, was sie sind – Fragmente. Sie bilden nicht meine Kindheit in Gänze ab, sondern werfen ein Licht auf herausragende Erlebnisse. Durch die Brille von heute ist sicherlich manches auch verzerrt, dramatisiert oder verharmlost. Es ist nie die ganze Wahrheit, und dennoch sind es Puzzleteile, die prägend waren und nachhaltig wirken.

Geschichten über uns selbst, über unsere inneren Erlebnisse werden nicht fertig vom Gedächtnis abgerufen. Erst im Prozess des Erzählens konstruieren wir die Bedeutungen, die wir mit einem bestimmten Erlebnis und mit den beteiligten Personen verbinden (vgl. Müller 2017). Dabei kann man nicht auf fertig abgespeicherte Narrative zurückgreifen. Die Tiefe und die Klarheit schält sich im Erzähl- beziehungsweise Schreibprozess heraus. Dabei wird Ungeahntes an die Oberfläche gespült, Gefühle von Trauer, Einsamkeit, Verzweiflung, Hoffnung und Freude sind unvermeidbar. Mir wurde in diesem Prozess mein eigener Kampf sehr bewusst. Die Kraft, die es brauchte, meinen inneren Kern vor Schaden zu bewahren. Ich gönnte mir einige Therapiesitzungen zur Verarbeitung.

Ohne meine Kundinnen und Kunden, die ich beraten habe, wäre ich nie auf diese Gedanken gekommen. Ihnen verdanke ich einen Teil meiner Versöhnung mit meiner Geschichte. Ohne sie wäre ich nicht auf das triadische Danken und Handeln gekommen. Diese Herangehensweise bedeutet mir viel, sichert mir meine beraterische Identität und hat sich als Gedanke in der Beraterszene zunehmend etabliert. Ich bedanke mich in diesem Zusammenhang besonders bei zwei Kollegen, die ich vor Jahrzehnten im Institut Triangel zu Beratern ausbilden durfte und die meine Gedanken weiterentwickelt haben: Da ist zuerst Erhard Tietel zu nennen, der sich durch zahlreiche Veröffentlichungen in dieser Richtung einen Namen gemacht hat. Und zum zweiten mein Freund und Kollege Klaus Obermeyer, mit dem ich inzwischen schon zahlreiche Ausbildungen am Institut Triangel durchgeführt habe.

Eine besondere Herausforderung ist mein Sohn für mich, der mir zeigte und weiterhin zeigt, wie schwer eine triadische Beziehung im Alltag zu leben ist. Und in diesem Zusammenhang erlebe ich, wie recht Freud (1909) hat, wenn er sagt, dass wir den Familienroman fortschreiben.

Die Dreiheit in der Einheit

Die Zahl »Drei« hat eine kulturell tief verankerte Bedeutung. Wenn ich mich erinnere, habe ich zuerst im Religionsunterricht von der »Dreieinigkeit« gehört: Vater, Sohn und Heiliger Geist. Seit ältesten Zeiten kommt der Dreizahl als kleinster Vielheit große Bedeutung zu. Sie begegnet uns immer wieder in Mythologie, Märchen, Recht und Volksbrauch. So wurzelt das Sprichwort *Aller guten Dinge sind drei* tief in der Überlieferung.

Wenn die Drei in der Mythologie eine so große Rolle gespielt hat, dann natürlich auch in der Psychologie. Georg Groddeck findet einen Zugang dazu, wie er ihm eigen ist und der mich anspricht. Er erzählt, beziehungsweise erinnert eine Begebenheit aus seiner Kindheit mit der Amme Berta. Als sie ihn verlassen muss, schenkt sie ihm zum Abschied einen kupfernen Dreier. Groddeck (1979 [1923], S. 25) wörtlich:

> »Und ich weiß genau, dass ich, statt wie sie wollte, Zuckerzeug dafür zu kaufen, mich auf die steinerne Treppe der Küche setzte und das Dreierstück auf den Stufen rieb, damit es glänzte. Seitdem hat mich die Zahl Drei verfolgt. Wörter wie Dreieinigkeit, Dreibund, Dreieck haben etwas Anrüchiges für mich, und nicht nur die Wörter, auch die Begriffe, die damit verbunden sind, ja ganze Ideenkomplexe, die ein eigensinniges Knabenhirn darum herum gebaut hat. So ist der Heilige Geist als Dritter schon in früher Kindheit von mir abgelehnt worden, die Lehre von den Dreiecks-konstruktionen ist mir in der Schule eine Plage gewesen und die

> einst vielgepriesene Dreibundpolitik wurde von mir von vornherein getadelt. Ja, die Drei ist eine Art Schicksalszahl für mich geworden. Wenn ich mein Gefühlsleben rückschauend betrachte, so sehe ich, daß ich, so oft mein Herz sprach, als Dritter in ein bestehendes Neigungsverhältnis zweier Menschen eingedrungen bin, daß ich stets den einen, dem meine Leidenschaft galt, von dem anderen getrennt habe, und daß meine Neigung erkaltete, sobald mir das gelungen war. Ja, ich kann verfolgen, wie ich, um diese schwindende Neigung am Leben zu erhalten, von neuem einen Dritten zugezogen habe, um ihn wieder zu verdrängen. So sind in einer und gewiss keiner unwichtigen Richtung die Affekte des Doppelverhältnisses zu Mutter und Amme und der Kampf des Abschieds ohne Absicht, ja ohne Wissen von mir wiederholt worden; eine nachdenkliche Sache, die zum mindesten zeigt, dass in der Seele eines dreijährigen Kindes seltsam verworrene und doch einheitlich gerichtete Dinge vor sich gehen.«

Die Leserschaft wird sich vielleicht fragen, warum ich an dieser Stelle so ausführlich Groddeck zitiere. Angesprochen hat mich wohl das »Schlüpfrige«. Und dazu fällt mir ein, dass zur selben Zeit, als wir uns den Institutsnamen Triangel gaben, in Berlin ein recht bekanntes Pornolokal denselben Namen trug. Wir hatten das bei der Namensfindung ganz übersehen, wurden aber sehr bald darauf gestoßen, als des Nachts öfter Anrufe bei uns ankamen, die dachten wir wären das Bordell gleichen Namens.

Dreiecksgeschichten nehmen irgendwo ihren Anfang

Diese Groddeck-Geschichte leitet auch das Buch *Dreiecksgeschichten* des Familientherapeuten Michael Buchholz ein:

> »Ein Mann und eine Frau haben oder zeugen ein Kind, und selbst wenn dies der einzige Moment sein sollte, in dem sie zu dritt sind, fängt es doch immer dort an – auch und dann, wenn der Gedanke ans Kind nie ausgesprochen war, es gibt ihn, den Gedanken, in der Phantasie, auch wenn man ihn verhüten muss.«

So beschreibt es Buchholz (1993, S. 7).

Meine Dreiecksgeschichte beginnt in Oldenburg. Oder auch viel früher mit dem Beginn der Beziehung meiner Eltern. Diese geht auf das Jahr 1935 zurück, geheiratet haben beide erst sechs Jahre später, 1941, in Berlin. Über die Kriegsjahre weiß ich wenig, nur so viel, dass meine Mutter in einer Spedition gearbeitet hat und mein Vater bei der Treuhand, einer Art Bankenaufsicht. Ob er aktiv im Krieg war, umgibt ein Geheimnis, zumindest wurde darüber in meinem Beisein nie gesprochen. Ich habe einmal Gesprächsfetzen aufgeschnappt, aus denen hervorging, dass er wohl eine Zeit lang als Panzerfahrer in Italien war. Zu gerne hätte ich nachgefragt. Die Signale standen aber eindeutig auf »Tu es lieber nicht«. Im Nachherein könnte es erklären, warum er nie wieder Auto gefahren ist, obwohl er einen Führerschein besaß.

Im Rahmen der Entnazifizierung wurde der gesamte Vorstand der Oldenburger Sparkasse entlassen. Dies war die Chance meines Vaters. Zum einen durch seine Erfahrung in der Bankenaufsicht und zum anderen dürfte die »saubere Weste« seines Vaters eine Rolle gespielt haben, denn dessen Ingenieursschule in Oldenburg wurde von den Nazis enteignet. Vielleicht sind wir jetzt aber schon im Reich der Legendenbildung. Ich war immer stolz, dass mein Vater kein Nazi war. Auch meine Mutter erzählte öfter, dass sie die Schule verlassen musste, weil sie nicht in den Bund deutscher Mädel eintreten wollte.

Meine Geschichte beginnt im Jahr 1947, in dem ich in Oldenburg geboren wurde. Wir bewohnten eine Villa, in der auch meine Oma mütterlicherseits und ihr zweiter Mann, mein Lieblingsopa, wohnten. Ich weiß heute noch, dass es die Kärntnerstrasse 12 war. Neben uns wohnte ein gleichalter Junge: Wölfi. Und einige Meter weiter in derselben Straße wohnte ein weiterer Spielkamerad. Wir waren eine unzertrennliche Dreiheit. Den ganzen Tag verbrachten wir auf der Straße. Es gab weder Sommer noch Winter für uns. Am intensivsten erinnere ich, dass wir alle drei so eine Art Gokart hatten, mit denen wir Wettrennen fuhren und allerlei Ausflüge unternahmen. So zum Beispiel zum nächsten Bauern. Hier holten unsere Eltern auch die frische Milch. Als wir einmal dort waren, wurde gerade ein Schwein getötet. Es quiekte furchterregend, aber es zog uns magisch an. Wie würde es sterben, was würde passieren, wenn es tot ist. Ich schätze wir waren damals drei Jahre alt. Als ich die Geschichte abends meiner Mutter berichtete, erschrak sie. So erzählte sie es mir zumindest später. Denn wir sollten doch noch nichts vom Tod erfahren. Zu spät. Wir übten dann das Töten selbst an kleineren Tieren. Neben unserem Haus verlief ein kleiner Graben, in dem sich manchmal Frösche im Schlamm tummelten. Wir holten unsere kleine

Schubkarre aus dem Haus und fuhren so lange über einen Frosch, bis er breit wurde. Aber das Töten war schwieriger als wir dachten. Immer wieder fuhren wir mit der Karre über den wehrlosen Frosch hin und her. Langsam verschwand er im Schlamm, zappelte aber immer weiter, auch wenn er schon beträchtlich an Breite zugelegt hatte. Also musste sich einer von uns in die Karre setzen, um die Tat zu vollenden. Glücklich zogen wir ab, jeder zu sich nach Hause zum Mittagessen. Diese Geschichte erzählten wir nicht, es blieb unser Geheimnis.

Wenn ich an Oldenburg denke, sehe ich immer nur die Straße vor meinem inneren Auge. Und uns Jungs mit unseren Vehikeln. Die Räume meiner Eltern bleiben gleichsam im Nebel verborgen. Ich kann auch keine Bilder abrufen, in denen wir zu dritt auftauchen. Meine Oma und mein Ersatzopa wohnten im ersten Stockwerk, dort roch es häufig verlockend nach Buletten, manchmal auch nach Bratkartoffeln. Beides verführerisch gut, sodass ich mich öfter oben zum Essen einquartierte.

Die andere Erinnerung ist zwar von den Bildern her sehr verschwommen, aber hinsichtlich der erlebten Angst sehr präsent. Mein Vater ging oft und gerne in Kneipen und war aufgrund seiner dortigen Umsätze wohl auch ein gern gesehener Gast. Eines Sommers war er wieder in einer Kneipe, dieses Mal in einem Gartenlokal in der Nähe unseres Hauses. Ich fand es entsetzlich langweilig und habe wohl irgendwas Unpassendes gesagt oder gemacht. Mein Vater, vermutlich durch einige Biere auch schon nicht mehr ganz bei Sinnen, stürzte plötzlich auf mich zu, als wollte er mich schlagen. In entsetzlicher Angst rannte ich um mein Leben, um zu meiner Mutter nach Hause zu kommen. Gott sei Dank hörte sie mich schreien und lief mir entgegen. Ich war gerettet, mein Vater immer noch dicht hinter mir.

Später in meiner Kindheit träumte ich, wie ein Wildschwein mich verfolgt und ich einen großen Satz in die Freiheit mache und dabei schweißnass vorm Bett lande. Dieser Traum spielte auch später in der Psychoanalyse eine Rolle, immer wieder träumte ich meinen Vater als Wildschwein, das mich verfolgt. Wildschweine gab es tatsächlich auch im Maxwald (dazu später mehr). Wenn ich als kleiner Junge abends im Dunkeln den Weg durch den Tannenwald gehen musste, hangelte ich mich in Gedanken immer von Baum zu Baum und schaute, welche Äste ich zuerst besteigen könnte. Jedes Rascheln hätte sich als angriffslustiges Wildschwein entpuppen können. Aber so weit ist es nie gekommen.

Szenen mit meinen Eltern huschen wie im ICE an mir vorbei. In einer Erinnerung stehe ich im Nachthemd an der Schlafzimmertür meiner Eltern. Entweder ist es abends oder morgens. Ich bin allein. Plötzlich macht sich starker Stuhldrang bemerkbar. Wie gut, dass ich ein Nachthemd anhabe, schließlich ist es unten offen und die Wurst kann rausfallen, ohne mich zu beschmutzen. Da lag sie nun. Mitten auf der Schwelle zum Elternschlafzimmer. Schön rund und braun, gut platziert mitten auf die Türschwelle. Eigentlich hätte jetzt etwas Schreckliches passieren müssen. Aber es tat sich nichts. Ich ging wieder ins Bett und keiner sagte was. Dies war wohl ein altersgemäßer Versuch, sich als ausgeschlossener Dritter bemerkbar zu machen. Auch bei intensiver Suche nach alten Fotos und Erinnerungen finde ich keine Familienbilder mit mir und den Eltern. Ausschluss- beziehungsweise Zweierbündnisse begleiteten anscheinend schon sehr früh meinen Lebensweg.

Ohne Freud hier auszuführen, spielte auch für ihn die Drei eine herausragende Rolle. An drei (!) Beispielen lässt sich das zeigen:

Da ist zuerst sein topisches Modell zu nennen. Er führte es 1923 in seiner Arbeit *Das Ich und das Es* aus. Demnach ist die menschliche Psyche in der Lage, einen seelischen Vorgang in bewusst, vorbewusst und unbewusst zu unterscheiden. Er nannte es topisches Modell, weil topos »der Ort« bedeutet und der Ort des Unbewussten das Es ist und der des Bewussten und Vorbewussten das Ich. Diese Zuordnung ließ sich nicht aufrechterhalten. Die Erforschung der Krankheitsdynamik von Depressionen veranlasste ihn schließlich dazu, den Begriff des Über-Ich einzuführen, da nur in der Depression Ich und Über-Ich als voneinander getrennt erscheinen. Schließlich konnte Freud die ökonomische Struktur von Ich und Es nicht aufrechterhalten, da das Ich auch unbewusste Anteile aufwies.

Dies führte zum zweiten Beispiel, nämlich zu seinem Konzept des sogenannten Strukturmodells. Danach besteht die Psyche hypothetisch gesehen als dynamische Struktur aus den drei Instanzen: Es, Ich und Über-Ich.

Das dritte Beispiel ist wohl das grundlegendste, nämlich der Ödipuskomplex. Bekanntlich wurde er zu einer Glaubensfrage in der psychoanalytischen Bewegung. Freud kam durch seine Selbstanalyse darauf, wie stark er die Liebe zu seiner Mutter empfand und wie groß die Eifersucht auf den Vater war. Seine Empfindungen kleidete er alsbald in die Ödipussage und behauptete die Allgemeingültigkeit des Ödipuskomplexes, als er schrieb: »Jedem menschlichen Neuankömmling ist die Aufgabe gestellt, den Ödipuskomplex zu bewältigen« (Freud 1905, S. 127). (Das Zitat findet sich in einem Band, in dem ebenfalls die Zahl Drei vorkommt: nämlich in den *Drei Abhandlungen zur Sexualtheorie.*) Der Ödipuskomplex entfaltet zwischen dem dritten und fünften Lebensjahr seine größte Dynamik und besagt kurz gesagt Folgendes: Das Kind hegt Todeswünsche gegenüber dem gleichgeschlechtlichen Elternteil und begehrt die Person des entgegengesetzten Geschlechts sexuell.

> Selbst hat mich die Theorie praktisch eingeholt, als meine geschiedene Frau mit unserem Sohn schwanger war. Ich träumte, dass er im Bett seiner Mutter liegt und eine dicke

> Zigarre raucht, und mich dabei wie ein Sieger anschaut. Ich fühlte mich ausgeschlossen und betrogen. Und über einige Sekunden brach die Freude über den ersehnten Nachwuchs ein.

An der Frage des Ödipuskomplexes kann man sich die Zähne ausbeißen, wie die umfangreiche und widersprüchliche Literatur zum Thema zeigt. Ich selbst habe in meiner Arbeit *Angst in Gruppen und Institutionen* (Pühl 2017) versucht nachzuweisen, dass Freuds Ödipustheorie aus phylogenetischer Sicht nicht haltbar ist. Und zwar in erster Linie deshalb, weil Freud seine als universell angesehene Ödipustheorie zu einem Zeitpunkt der kulturellen Evolution ansiedelt, an dem sich bereits die große soziale Umwälzung vollzogen hatte. Verkürzt gesagt meine ich damit, dass wir davon ausgehen müssen, dass wir als Menschen stammesgeschichtlich gesehen erst dadurch lebens- und überlebensfähig waren, dass wir gruppenbezogene Fähigkeiten entwickeln konnten. So zeichnete sich unser psychischer Apparat – welch scheußliches Wort – Jahrtausende lang durch ein Clan-Ich oder Clan-Gewissen aus, das heißt, wir verfügten im Wesentlichen über eine gruppenbezogene Orientierung oder Steuerung. Erst in der letzten Phase der kulturellen Evolution, der Sesshaftwerdung (einhergehend mit der Möglichkeit, Besitz und Macht anzuhäufen, zu erhalten und zu vererben), differenzierten sich auch die Gemeinschaftsstrukturen zunehmend. Das blieb nicht ohne Wirkung auf den psychischen Apparat, der sich ebenso differenzierte. Dies können wir als die Geburtsstunde des individuellen Ichs mit einem steuernden und orientierenden Über-Ich ansehen. Das Über-Ich muss zudem ein strenges sein, da es dem Ich die nötige Potenz verleihen muss, sich abzugrenzen. Denn es gab keinen verlässlichen gesellschaftlichen Konsens, auf den man sich identifikatorisch hätte beziehen können. Erst in der engen Bande der Familie konnte sich meines Erachtens das herausstellen, was wir heute als gesellschaftliches Problem sehen müssen: die Möglichkeit von Ersatzpartnerschaften. So lässt sich die Frage, ob es einen universellen Ödipuskomplex gibt (1972 von Reimut Reiche im *Kursbuch* gestellt), beantworten. Es gibt ihn in sozial differenzierten Gesellschaften und somit auch bei uns.

Nun war die Sichtweise Freuds mitnichten so individualistisch, wie es seine Kritiker gerne sehen würden. Denn die Begrenzung auf das einzelne Individuum sah er durchaus kritisch, wenn er 1921 in *Massenpsychologie und Ich-Analyse* die berühmten Sätze schrieb:

> »Der Gegensatz von Individual- und Sozial- oder Massenpsychologie, der uns auf den ersten Blick als sehr bedeutsam erscheinen mag, verliert bei eingehender Betrachtung sehr viel von seiner Schärfe. Im Seelenleben des Einzelnen kommt ganz regelmäßig der Andere als Vorbild, als Objekt, als Helfer und als Gegner in Betracht und die Individualpsychologie ist daher von Anfang an auch gleichzeitig Sozialpsychologie in diesem erweiterten aber durchaus berechtigten Sinne« (Freud 1921, S. 73).

Nun wissen wir, dass Freuds kulturtheoretische Schriften in der psychoanalytischen Bewegung lange Zeit keinen Eingang in die therapeutische Arbeit gefunden haben. Individualtherapie oder mit den Worten Freuds ausgedrückt »Individualpsychologie« konnte sich als Sozialpsychologie erst nach dem Zweiten Weltkrieg in der Breite durchsetzen.

Die Familientherapeutin Thea Bauriedl stimmt mit Buchholz überein, wenn sie sagt: »Wir werden als Dritte geboren«, und meint damit »die trianguläre Grundform menschlicher Beziehungen«. Nach ihrer Beobachtung reduziert sich dieses Dreieck oft zu dynamischen Bündnissen, und zwar zwischen Mutter und Kind gegen den Vater oder zwischen Vater und Kind gegen die Mutter oder aber der Eltern gegen das Kind. Diese »Zwei-gegen-einen-Struktur« führt später zu den Störungen in den Beziehungen. Das Kind hat die existenzielle Grundangst entwickelt, »dass einer von beiden Elternteilen es unter Ausschaltung des anderen als Ersatzpartner ›verschlingen‹ und ›verstoßen‹ könnte, beziehungsweise dass die Eltern sich gegen das Kind zusammenschließen könnten und dieses deswegen keinen Platz mehr im Leben hätte« (Bauriedl 1994, S. 224f.). Diese Ängste – vor Ausstoßung oder Verschlingung – werden vom oder von der Einzelnen verständlicherweise als einmalig und besonders verarbeitet, so bleiben sie abgekapselt im Schleier des Schweigens. Kinder verarbeiten diese Dynamik allzu schnell schuldig und verantwortlich und bleiben mit der Einsamkeit allein.

Es ist die Angst vor dem Ausgeschlossenwerden, vor der Ausstoßung, vor dem Missbrauch wechselnder Bündnisse eines Elternteils gegen das andere, es ist das Gefühl, benutzt worden zu sein. Letztlich ist es die Angst vor dem Alleingelassenwerden. Ich nenne das die *triadische Grundangst* (Pühl 1998). Sie sitzt wohlbehütet in unserem Unbewussten, entstanden durch frühe, oft wechselnde und damit nicht verlässliche »Zwei-gegen-einen-Strukturen« in den Kindheitserfahrungen, die vielen Menschen nicht fremd sind.

> Ich habe diesen Missbrauch in Partnerschaften immer hautnah erfahren, wenn es nach der Scheidung meiner Eltern um die Besuche bei meiner Mutter ging. Mein Vater versuchte dies immer zu erschweren. Nach dem Tod meiner Mutter fand ich acht prallgefüllte Aktenordner mit Rechtsanwaltsschreiben, die jedem Besuch vorausgingen. Wie viel Beziehungsmüll war da noch am Stinken, wie viele Kränkungen unverarbeitet! Obwohl mein Vater doch eigentlich das goldene Los gezogen hatte, eine andere Frau kennengelernt, gleich geheiratet und noch ein gemeinsames Kind bekommen hatte, blieb er seiner Exfrau im Hass verbunden.

Die Angst vor der Triade ist eine grundlegende und tiefe. Sie ist die Grundlage dafür, dass die besagte *trianguläre Beziehung* zwischen BeraterIn und ratsuchenden Parteien oft nicht zustande kommt. Wir finden diese Dynamik regelmäßig in Organisation wieder, beispielsweise wenn sich die Mitarbeitenden mit den KlientInnen gegen die repressive Organisation verbünden. Wir finden sie auch in wechselnden Koalitionen der Leitung mit einem Subsystem gegen ein anderes. Diese zerstrittenen Parteien suchen im Berater oder der Beraterin einen Bündnispartner beziehungsweise eine -partnerin für sich und gegen andere. Jeder und jede Beratende ist aufgrund seiner oder ihrer eigenen biografischen Dreieckserfahrung ständig mehr oder weniger prädestiniert, in der »Abwehrstruktur des in ›Zweiecke‹ zerfallenden Dreiecks mit zu agieren« (Bauriedl 1994, S. 85). Praktisch heißt das, dass er beziehungsweise sie sich einer Partei einfühlend unterstützend zuwendet, weil er/sie die hilfesuchenden Botschaften des Gebrauchtwerdens kennt. Dabei geht aber die andere Seite der Medaille verloren: Nämlich die Ausstoßung aus der Beziehung. Man will nicht als hilf- und wertlos erlebt werden, um die intrapsychische Ambivalenz nicht zu gefährden.

Die Angst vor der aggressiven Ausstoßung hat neben dem realen psychischen Kern auch einen ökonomischen. Gerade externe BeraterInnen, sogenannte freie oder neutrale BeraterInnen, sind in hohem Maße von Ausstoßung bedroht: Entweder durch den/die AuftraggeberIn, das heißt die Organisation oder deren Finanzverwaltung, oder durch das Klientel. Wenn der/die BeraterIn es einer der beiden Seiten nicht recht macht, kann die Nichtverlängerung des Vertrages und damit die gefürchtete Ausstoßung drohen. Erhard Tietel (2019) hat mich darauf aufmerksam gemacht, dass ich die Angst vor Vereinnahmung vergessen habe. Biografisch ist das nicht ohne Weiteres verständlich, denn die spätere Vereinnahmung meiner Mutter nach dem Tod meines Vaters als Ersatzpartner war beklemmend. Doch die frühe Trennung von der Mutter mit vier Jahren hat tiefere Spuren hinterlassen und zu einer Strategie der Lebenssicherung geführt, die darauf baut, allein für mein Wohlergehen sorgen zu müssen. Das ist die rationalisierte Version, wenn ich nach der unbewussten Seite suche, fällt mir auf, dass sich unsere ersten Supervisionen durch die lustbetonte Verbrüderung mit den Teams gegen ihre Leitungen auszeichnete. Wir suchten geradezu die »Vereinnahmung«, ohne die Angst vor der Bewegungseinschränkung zu spüren. Im Grunde sind wir mit dem Worten Bauriedls »Ersatzpartnerschaften« eingegangen. Ganz ähnlich wie die PädagogInnen mit den ihnen anvertrauten Jugendlichen und Kindern.

Die Ersatzpartnerschaft in der Rolle des oder der Gebundenen mag auf den ersten Blick die vorteilhaftere Position sein. Als Gratifikation kann man sich als der oder die Ausgewählte, besonders Gemochte fühlen. Während der/die Ausgeschlossene mit seinen/ihren Einsamkeitsgefühlen und seiner/ihrer Trauer in Berührung kommt.

Schöne neue Welt – im Maxwald

Die gemeinsame Geschichte mit meinen Eltern endete, als ich vier Jahre alt war. Mein Bruder war noch ein Baby, als meine Eltern sich 1952 scheiden ließen. Der für mich schmerzhafte Auszug meiner Mutter aus dem Elternhaus markiert einen deutlichen Einschnitt in meiner Biografie. Ich kann mich noch sehr genau erinnern, wie ich mein geliebtes Holzauto auf den Umzugswagen stelle, ohne zu wissen, warum ich das tun sollte und wohin seine Reise ging. An eine Abschiedsszene mit meiner Mutter kann ich mich dagegen nicht erinnern. Wenn ich an die Umzugsszene und die damit verbundene Trennung von der Mutter denke, steigt immer noch ein beklemmendes Gefühl von Sprachlosigkeit auf.

Dies mag den Wendepunkt hin zu meiner Selbstfürsorge markieren. Ab jetzt musste ich für mich selbst sorgen. Die Oma und der Opa wohnten zwar noch eine kurze Weile im Haus, aber bald zog mein Vater mit uns Kindern zu seiner neuen Frau in die Nähe von Westerstede, genauer in den Maxwald. So heißt er wirklich, und hier geht meine Geschichte weiter.

Maxwald – schon der Name macht neugierig, und man vermutet eine Geschichte über einen »verborgenen und geheimen Park im Wald«. So war es noch vor einiger Zeit im Internet zu lesen. Warum eigentlich ein geheimer Park? Oder meinte mein Halbbruder, der das verfasst hatte, einen

Abbildung 1: Unser Haus in Maxwald bei Westerstede

gemeinen Park? Der Maxwald ist ein Ort im Ammerland zwischen Bad Zwischenahn und Westerstede, ca. eine halbe Autostunde nördlich von Oldenburg. Es war der Ort, an den mein Vater mit mir und meinem Bruder nach der Scheidung gezogen ist und an dem er wieder geheiratet hat. Das Haus war und ist von außen betrachtet ein wunderschönes reetgedecktes Fachwerkhaus mitten in einem Wald. Meine Stiefmutter betrieb hier eine Baumschule, wie es viele in der Gegend gibt. Von außen gesehen lebten wir geradezu fürstlich, ein Arbeiter kümmerte sich um die Anpflanzungen, ein Hausmädchen um den Haushalt und ein Chauffeur holte meinen Vater morgens zur Arbeit ab und brachte ihn spätabends zurück.

»Schöne neue Welt« ist ironisch gemeint, denn meine Innensicht sah vollkommen anders aus. Ich wollte lieber bei meiner Mutter bleiben und hatte nun eine Stiefmutter. Sie kümmerte sich um mich, aber sie war nicht meine Wahl. Den Vater mochte ich, aber er war fast nie zu Hause, um mich beschützen zu können. Das Haus lag mitten im Wald, fernab von allem. Wenn Besuch kam und sich überschwänglich über das schöne Haus äußerte und wie toll wir es doch hier in der Natur hätten, hätte ich am liebsten laut losgebrüllt oder geheult. Für beides war ich zu gehemmt.

Ich kann mich an unzählige Abende erinnern, an denen ich auf meinen Vater wartete. Die meterhohen Kiefern über mir mit ihren lang auslagernden Zweigen boten einen idealen Schutzraum gegen Regen. Da die Bäume direkt an dem Sandweg standen, der zu dem von allen bestaunten Fachwerkhaus führte, saß ich hier oft eine ganze Weile unter dem duftenden Kieferngezweig. Und wartete. Wartete wie so oft darauf, dass ein Auto um die Ecke kommen möge und drinnen ein Mann sitzt. Mein Vater. Ich wartete abends immer auf ihn, es kam mir wie eine Ewigkeit vor. Heute würde ich mich freuen über so viel Ausdauer, schiene mir geradezu wie ein Meister der Meditation. Die Kiefernäste hielten den Regen ab, aber gegen die Einsamkeit waren sie machtlos. Da half ihnen auch ihre stolze Größe nichts. »Der stille unauffällige Waldsaum entlang der Landstraße gibt keinen Hinweis auf dieses Geheimnis.« So hat ein aufmerksamer Besucher den verborgenen Zufahrtsweg beschrieben, der einem Forstweg gleicht. »Wenn man ihn im Wald entdeckt, betritt man einen Ort voller Schönheit und Stillleben.« So verheißt es Jahre später ebenfalls das Internet. Ich harrte aus bis es dunkel wurde und ich ins Haus gerufen wurde. Gegessen wurde pünktlich, gesprochen wurde wenig. Es gab auch Zeiten gefühlter Nähe, wenn ich mit meinem Vater auf seinen Dienstwegen durchs Oldenburger Land fahren durfte. Er saß vorne neben seinem Chauffeur, ich hinten. Gesprochen wurde auch hier kaum, aber ich hatte im Vergleich mit meinen Brüdern ein Gefühl besonderer Wertschätzung.

Ich vermisste die Gespräche nicht, denn ich hatte die magische Vorstellung, dass man für jedes gesprochene Wort etwas bezahlen muss. Und da ich ja zur Sparsamkeit erzogen war, fühlte ich mich manches Mal wortlos zufrieden, glücklich wäre vielleicht zu hoch gegriffen. Dieses Wort schien es damals auch noch nicht zu geben. Ich wundere mich heute noch, dass Menschen so losplappern können, ohne dass man sie etwas fragt oder Aufmerksamkeit signalisiert. Manchmal beneide ich sie auch dafür.

Mein Vater bekam mit seiner neuen Frau nach relativ kurzer Zeit noch einen Sohn. Natürlich hatten die drei Söhne eines Sparkassendirektors auch ordentliche Spardosen. Meine war die Blaue. Deshalb dachte ich immer, blau sei meine Farbe. Selbst die ersten – und einzigen – Gardinen meines Lebens in meiner Studentenbude in Dortmund waren blau. So etwas hinterlässt bleibende Spuren. (So wie der Schriftsteller Uwe Timm von der Farbe Rot eingenommen war.) Die Spardose war wie ein Gefängnis. Wenn Besuch kam und uns Kindern 20 Pfennig oder sogar einen 50er schenkten, musste er unter Aufsicht in diese Spardose gesteckt werden. Öffnen konnte sie nur die Sparkasse und der kostbare Inhalt wurde dann auf ein Konto eingezahlt. Gesehen habe ich davon nie etwas.

Wir hatten immer auch ein sogenanntes Mädchen im Hause. Meist mehr oder weniger hübsche junge Frauen, die zum Putzen und für die Gartenarbeit da waren. Deshalb kam es kaum vor, dass ich mal alleine und unbeobachtet sein konnte. In einem dieser seltenen Augenblicke schlich ich mich ins Wohnzimmer zur Fensterbank. Ich griff mir meine blaue Spardose und versuchte, ihr durch Schütteln, wenigstens einige Groschen zu entlocken. Um es uns nicht zu leicht zu machen, hatten die Sparkassenmenschen vor den Schlitz eine Metallzunge gebaut. Sobald man das verfluchte Geldgefängnis umdrehte, klappte die Zunge nach oben und versperrte den Ausgang. Mit einem Nagel versuchte ich manches Mal, die Zunge herunterzudrücken. Wenn einem das Glück hold war, kamen dann ein oder manchmal sogar mehrere Groschen zum Vorschein. Besondere Freude machte sich bei mir breit, wenn auch mal ein silberner 50er dabei war. Das Geld verschwand dann schnell in meiner Lederhose. Dieses Kleidungsstück trug ich am liebsten. Auch wenn es im Frühling noch etwas kalt war. Mit einer Lederhose konnte man einfach alles machen. Sie wurde nie schmutzig.

Im Dorf gab es zwei Kneipen. Eine am Dorfanfang und eine am Ende. Die am Anfang des Dorfes lag auf meinem Schulweg. Wenn ich einen dieser mühsam eroberten Groschen in meiner Lederhose hatte, ging ich mit meinen Freund Werner nach der Schule in diese Kneipe. Wir kauften uns Sahnebonbons. Immer mit einem schlechten Gewissen und der Angst, dass der Wirt den Eltern etwas verraten könnte. Nicht, dass er uns verpetzen wollte, aber im Dorf kennt jeder jeden. Ein gewisser Schutz war, dass unsere Eltern nie in diese Kneipe gingen, sondern in die am Ende des Dorfes. Es kam also nie heraus.

Die Geschichte mit den Groschen hat mich noch lange beschäftigt, auch wenn ich mir die Verbindung nur schwer erklären kann. Vermutlich hängt es mit meiner Vorstellung zusammen, für Worte bezahlen zu müssen.

Als Werner und ich wieder einmal nach der Schule mit dem Rad nach Hause fahren wollten, sahen wir schon von Weitem, wie uns der Dorfpolizist auf dem Rad entgegenkam. Die Angst fuhr uns unvermittelt in die Glieder. Mein Rücklicht funktionierte nicht. Was geschah, wenn unser Dorfpolizist das merken sollte? Es war ein sonnenheller Tag. Ohne lange zu überlegen, nahmen wir den Riesenumweg über ein anderes Dorf. Über die weite Wiese konnten wir ihn noch einige Zeit radeln sehen und waren beruhigt, dass er uns nicht verfolgte.

Gegenüber der Schule wohnte eine Bekannte meiner Stiefmutter. Ich mochte sie nicht. Aber wenn die Stiefmutter Besuche machte, wollte sie, dass ich sie begleite, und ich kam notgedrungen mit. Wiederworte gab es nicht. So also saßen wir bei Tante Grete. Sie war nicht meine Tante, aber so hieß sie bei uns. Ich saß auf dem großen Sofa in der guten Stube. So etwas gab es in den größeren Bauernhöfen. Meistens war es kalt dort, weil nur geheizt wurde, wenn Besuch kam. Die beiden Frauen unterhielten sich über Dinge, die ich verständlicherweise nur langweilig fand. Außerdem auf Plattdeutsch. Ich konnte zwar das meiste verstehen, schließlich sprachen auch die Nachbarn so. Ich selber habe nie Platt gelernt. Warum eigentlich nicht? In der zweiten Klasse mussten wir sogar lernen, Plattdeutsch zu schreiben. Das war noch schwerer als »richtiges« Deutsch. Später hätte ich gerne auch Plattdeutsch sprechen mögen. Dann hätte ich vielleicht ein Gefühl von Heimat gehabt. Wenn es so einfach wäre.

Zurück zum Besuch bei meiner sogenannten Tante: Mein Blick fiel auf das Bild eines Mannes. Sein Foto stand fein säuberlich auf der Kommode von Tante Grete. Sie hatte aber gar keinen Mann. Als die beiden Frauen ihr Geschnatter mal unterbrachen, fasste ich mir ein Herz und fragte, wer denn der Mann sei. Tante Grete antwortete kurz und klar: Der ist gefallen. Komisch dachte ich, ich bin schon so oft gefallen. Ich war ein Weltmeister im Fallen. Meine Beine hatten immer irgendwelche Risse. Und dieser Mann fällt hin und ist tot. Ich traute mich nicht nachzufragen. Die Antwort von Tante Grete erlaubte keine weiteren Fragen.

Zur organisationellen Triangulierung

Es liegt wohl auf der Hand, dass meine eigene Zerrissenheit als kleines Kind zwischen Vater, Mutter und Stiefmutter, dazu noch mit einem Halbbruder, den Weg zum triadischen Denken geebnet hat. Aber reduzieren wir das nicht auf ein exklusives Trauma. Wie wir mit Bauriedl gesehen haben, hält sie Bündnisse in familiären Kontexten für die Normalform. Von daher sind Verallgemeinerungen durchaus legitim. Der Weltbestseller von Alice Miller *Das Drama des begabten Kindes und die Suche nach dem wahren Selbst* (1983) hat in den Jahren bei Millionen von Menschen den Blick dafür geöffnet, wie sie von ihren Eltern zur Befriedigung eigener Bedürfnisse benutzt wurden. Ich kann mich sehr gut an den Hype erinnern, den Millers Thesen ausgelöst haben, wie Freunde und Kolleginnen, seelisch aufgeweicht, plötzlich in kritischer Distanz zu ihren Eltern standen und in Miller endlich eine liebvolle, verständige Mutter gefunden zu haben glaubten. So groß war die unerfüllte Sehnsucht, »in seinem wahren Selbst« gesehen zu werden.

Interessant – gerade auch für unsere beraterische Arbeit – ist das entstehende »trianguläre Übertragungsmuster«, wenn zerstrittene Teams zum/zur SupervisorIn kommen. Die zerstrittenen oder in der Beziehung hilflosen SupervisandInnen suchen einen Dritten, eben den Supervisor oder die Supervisorin, der/die ihnen hilft, die Beziehung zu verbessern. Bauriedl (1994, S. 85) meint, dass hier das »trianguläre Beziehungsmuster« greift, da der Entschluss des Supervisors zu seinem Beruf ebenfalls von diesem Motiv getragen sein kann. »In gewisser Weise erwarteten auch seine Eltern von ihm, dass er ihre Beziehungen festigen und/oder auch trennen würde. Soweit die Beziehung seiner Eltern unbefriedigend war, entwickelte sich seine Identität als besserer Partner für beide Eltern« (ebd.).

> Davon kann ich ein Lied singen, besonders in der Zeit nach dem Tod meines Vaters, als wir wieder bei meiner alleinstehenden Mutter lebten. Davon später mehr.

Diese Dynamik ist Ausdruck einer frühen Ambivalenzspaltung, die wir in unserer Kindheit alle mehr oder weniger in Beziehung zu unseren Eltern beziehungsweise Elternteilen erlebt haben und die die Basis unserer späteren Orientierung geworden ist. Bauriedl erklärt die Ambivalenz aus dem dialektischen Zusammenspiel von Wünschen und Ängsten, sowohl innerhalb einer Person als auch innerhalb des Systems Familie. Gefühle oder Wünsche, die stark angstmachend sind, werden abgespalten oder beim/bei der PartnerIn bekämpft. Meist geht das mit Schuldzuweisungen einher: Wenn du anders wärst, dann könnte auch ich anders sein! Entsprechend der intrapsychisch gespaltenen Ambivalenz sendet jede/r Doppelbotschaften aus nach dem Motto: »Wasch mir den Pelz aber mach mich nicht nass!« Wenn ein/e der PartnerInnen der Double-bind-Forderung nachkommt, wird er/sie abgewiesen, wenn er/sie selbst abweisend ist, wird er/sie aufgefordert zu kommen. Dadurch halten beide PartnerInnen einen Sicherheitsabstand ein. Bauriedl (1994, S. 96) bringt dazu das Bild von einer stabilen Stange. »Die Stange hält sie zusammen und auseinander.«

Das Bild der Stange zwischen den Eltern impliziert, dass beide PartnerInnen in dieser Beziehung ihre Wünsche nicht befriedigen können. Diese unbefriedigten Wünsche richten sich dann unbewusst an das Kind beziehungsweise die Kinder. So werden sie zu ErsatzpartnerInnen beider Elternteile. Sie sollen unbewusst das

Loch stopfen, können es aber nicht, da jede Annäherung eines Elternteils an das Kind inzestuöse Impulse mobilisiert und von daher angstmachend ist. Um den Platz in der familiären Gemeinschaft nicht zu verlieren, findet das Kind notwendigerweise früh seinen Umgang mit den abgespaltenen Entweder-Oder-Beziehungen der Eltern.

Das ist die Grundlage dafür, dass die besagte *trianguläre Haltung* zwischen BeraterInnen und Ratsuchenden sich entfalten kann. Wie gesagt, wir finden sie nicht nur in Familien- oder Paartherapien wieder, sondern ganz regelmäßig in institutionellen Beratungen wie Supervision, Coaching oder Organisationsentwicklung. Gerade hier gibt es immer zerstrittene Parteien oder Subsysteme, die im Berater oder in der Beraterin eine/n BündnispartnerIn für sich und gegen andere suchen. Ich werde darauf im letzten Abschnitt, wenn es um die Institutionen geht, noch einmal eingehen. Dennoch lässt sich an dieser Stelle schon verallgemeinernd sagen, dass BeraterInnen – egal ob TherapeutInnen, OrganisationsberaterInnen oder SupervisorInnen – aufgrund der eigenen biografischen Dreieckserfahrungen ständig mehr oder weniger prädestiniert sind, die »Abwehrstruktur des in ›Zweiecke‹ zerfallenden Dreiecks mitzuagieren« (ebd., S. 226). Praktisch heißt das, dass der Berater beziehungsweise die Beraterin sich einer Partei einfühlend unterstützend zuwendet, weil er oder sie die hilfesuchenden Botschaften des Gebrauchtwerdens kennt. Dabei geht ihm/ihr aber die andere Seite der Medaille verloren, nämlich die Ausstoßung aus der Beziehung, weil man als nicht hilfreich und wertlos erlebt werden muss, um die intrapsychische Ambivalenz nicht zu gefährden.

Ich will gerne in Rechnung stellen, dass meine Beschäftigung mit dieser Frage auch Abwehrcharakter haben kann, nämlich meine Angst vor triadischen Beziehungen. Die besondere Bedeutung, die institutionelle Triangulierungen in diesem Zusammenhang haben, vertiefe ich an anderer Stelle.

Schule als prägende Organisationserfahrung

Meine Schule lag ungefähr drei Kilometer entfernt in dem kleinen Dorf Torsholt. Es gab nur eine Möglichkeit, die Entfernung zu überwinden – das Fahrrad. Also kaufte mir mein Vater ein Rad und zeigte mir, wie man damit fährt. Die geraden Strecken klappten ziemlich schnell, »immer treten, treten, treten«, lautete die hilfreiche Anweisung. So habe ich Jahre später auch meinem Sohn zur neuen Beweglichkeit verholfen. Problematisch war das Anhalten, meist endete es mit einem Sturz, aber daran war ich gewöhnt. Aufgeschlagene Knie und Beine gehörten zum Alltag. »Ein Indianer kennt keinen Schmerz!« Die Kurven waren eine echte Herausforderung, machte ich den Bogen zu eng, führte das unweigerlich zum Sturz, war der Bogen zu groß, landete ich in Sträuchern oder in einer dieser schönen Blumenrabatten.

Nun rückte der Tag der Einschulung immer näher. »Na, freust du dich schon auf die Schule?« So konnten nur Erwachsene fragen. Ich freute mich nicht. Um den neuen Weg ins Dorf und zur Schule zu finden, wurde mit der Tochter von einem kleinen Bauernhof nicht weit weg von unserem Haus ein Treffen vereinbart. Sie war natürlich älter, viel älter, auch wenn es wahrscheinlich nur zwei Jahre waren, oder sogar nur eines. Obwohl ihr Hof an der langen Einfahrt zu unserem abgelegenen Haus stand, hatte ich bisher keine Begegnung mit ihr. Nun saßen wir aber auf den Treppen vor unserem Haus. Sie erzählte etwas und rückte dabei so dicht an mich heran, dass ich von ihrem eigenwilligen Körpergeruch regelrecht benebelt war. Ein Duft umhüllte mich, wie ich ihn noch nie gerochen hatte. Natürlich konnte ich ihr nicht mehr zuhören. Meine Gedanken machten sich selbstständig. So müssen Frauen riechen, daran konnte es jetzt keinen Zweifel mehr geben.

Ich hatte keine Vorstellung was Schule wirklich bedeutet. Deshalb wunderte ich mich auch nicht, dass sich die Neuen in einer langen Reihe vor einem Lastwagen, der vor dem Schulgebäude stand, anstellen mussten. Langsam ging es näher. Nach dem Erklimmen der Treppen ins Innere taten sich dort wundersame Dinge auf. Eine Frau im weißen Kittel gab klare Anweisungen. Oberkörper freimachen, vor eine kalte Wand stellen und die Luft anhalten. Das Ganze vollzog sich in einem diffusen Halbdunkel. Da »Indianer keinen Schmerz kennen«, kennen sie auch keine Angst. Sonst hätte ich mich vor den Platten, die sich wie von unsichtbarer Hand gesteuert, von hinten und vorne an mich heranschoben und dabei eine eisige, metallische Kälte abstrahlten, bestimmt gefürchtet. Aber so musste Einschulung wohl vonstattengehen. Irgendwann kamen wir auch in unserem Klassenraum an. Dort saßen schon viele Kinder. Kein Wunder, denn es war eine sogenannte Zwergschule, wie ich später erfuhr. Unten gab es einen Klassenraum für die ersten zwei oder drei Klassen und oben einen für weitere zwei bis drei Klassen, insgesamt endete die Schule bereits mit der siebten Klasse.

Von nun an fuhr ich die nächsten vier Jahre der Grundschulzeit mit Werner in unsere Dorfschule. Er wohnte nur einige hundert Meter weiter an der Hauptstraße. Seine Eltern hatten ein Baugeschäft. Dort arbeiteten auch seine viel älteren Brüder. Werner und ich waren uns auf einem unserer langen und langweiligen Schulwege einig, es mag vielleicht in der dritten Klasse gewesen sein, dass wir nicht zur Spezies der Erwachsenen gehören. Das sind andere Wesen, so wie aus Schweinen, wenn sie älter werden, keine Kühe werden, so werden auch aus Kindern keine Erwachsenen. Und heiraten müssen wir deshalb auch nicht. Dieser Gedanke stimmte mich irgendwie froh und machte uns zu Verbündeten.

Wie ich erst viel später bei einer ähnlichen Untersuchung erfuhr, handelte es sich bei dem eiskalt-metallischen Ungetüm um ein Röntgengerät. Mit dieser institutionellen Initialerfahrung begannen meine Schulerlebnisse. Auch wenn ich glücklicherweise nicht alles erinnere, gab es im Wesentlichen eher ernüchternde Eindrücke. Gepaart waren sie zumeist mit Angst. Ich glaube, dieses Wort spielte in meinem Wortschatz damals keine Rolle. Umso mehr wundere ich mich heute, wenn Kinder in dem Alter schon über solch fundamentale Gefühle sprechen können. Hatte ich Angst vor Geistern oder im dunklen Keller? Wahrscheinlich ja, aber ich hatte dieses Wort nicht zur Verfügung und keinen Menschen, der es mir erlaubt hätte, diese Gefühle zu haben. Man musste sehen, wie man zurechtkam. Jeder musste es für sich allein meistern. Also ich für mich. So sollte ich schnell zu spüren bekommen welche Regeln in der Schule gelten. Zu spüren im wahrsten Sinne des Wortes. Wenn eine Schülerin oder ein Schüler sich in seiner Holzbank mit dem Nachbarn unterhielt oder die Hände nicht gefaltet auf dem Tisch lagen, wurde man vom Lehrer nach vorne gerufen, musste die Hände aufs Pult legen, dann wurde der Rohrstock gezogen und knallte auf die Fingerkuppen nieder. Nun hat der Mensch die dumme Angewohnheit, ungesteuert reflexhaft zu reagieren. Also zog man die Hände kurz vorm Niedergang des Stockes automatisch zurück. Das hatte unweigerlich zur Folge, dass die Anzahl der Hiebe sich verdoppelte, bis man gelernt hatte die Reflexe zu beherrschen. Manchmal bekamen die Jungen auch Schläge auf die Lederhose. Das hatte den Vorteil, dass man den Stock nicht sah und die Reflexe einem nicht dazwischenkamen. Da »Indianer ja keinen Schmerz kennen«, versuchten wir Jungs (denn nur wir waren die Adressaten dieser pädagogischen Methoden), mit unseren uns zugefügten Schlägen zu prahlen. Wer nie Opfer der Prügelei geworden war, galt als Streber, war eben kein richtiger »Indianer«. Dass die Mädchen von diesen Ritualen ausgeschlossen waren, markierte früh die Geschlechtertrennung. Sie sollte mich noch lange beschäftigen, wie sich später in endlosen nächtlichen Wohngemeinschaftsdiskussionen zeigte.

Frühe institutionelle Grunderfahrungen treffen naturgemäß auf eine gewisse Naivität. Da war die Sache mit dem ersten Diktat. Wobei ich hinzufügen muss, dass ich zum Zeitpunkt des Schreibens gar nicht wusste, was ein Diktat ist. Aber das sollte sich sehr schnell ändern. Es wird in der zweiten Hälfte des ersten Schuljahres gewesen sein. Um die ersten Wörter auf unseren Schiefertafeln schreiben zu lernen, hingen an einer Wand des Klassenraumes große Bilder, zum Beispiel mit einem Ball, und darunter stand das entsprechende Wort. Und nun passierte es, dass der Lehrer die Bilder umdrehte und uns ein Heft gab. Er sagte uns kurze Sätze, die wir aufschreiben sollten. Da mir die langen Worte zu schwer waren, und lang war alles über drei Buchstaben, begnügte ich mich damit, alle Wörter mit zwei oder drei Buchstaben aufzuschreiben. Dazu gehörten die Wörter »und, in, der« und so weiter. Da ich wohl immer schon ein ordentlicher und gewissenhafter Mensch war, ließ ich für die langen Worte aber ausreichend Platz. Ich wusste ja, dass sie auf den umgedrehten Bildern standen. Es würde nicht mehr lange dauern und der Lehrer würde sie wieder zurückdrehen. Da gab es für mich gar keinen Zweifel. So schlecht konnte Schule gar nicht sein. Zu meiner Verwunderung aber sammelte der Lehrer die Hefte wieder ein. Und ich konnte mein Werk nicht vollenden. Als mir meine Stiefmutter viele Jahre später dieses erste Diktat zeigte, war es schon ein einmaliger Anblick. Viel freie Fläche und darauf verstreut die Drei-Buchstaben-Wortfragmente.

Ich glaube, dies war der endgültige Wendepunkt. Mein letztes Vertrauen war verflogen. Der Wunsch, die Schule möge abbrennen, beherrschte von nun an mein weiteres Schuldasein, später verwandelte es sich in den allmorgendlichen Wunsch, eine Lehrerin oder ein Lehrer möge krank sein. Allzu selten ging dieser Traum in Erfüllung. Auch wenn unsere kleine Dorfschule nicht abbrannte, so konnten wir doch eines Winters fast vier Wochen zu Hause bleiben. Der große Bollerofen im Klassenzimmer hatte seinen Geist aufgegeben. Der Schulleiter war gleichzeitig unser Lehrer und Hausmeister. Zusammen mit seiner Frau und seinen beiden Kindern wohnte er im Nebeneingang des Schulgebäudes. Morgens musste er den Ofen anheizen und im Winter dafür sorgen, dass er auch nachts nicht ausging. Dafür gab es Holz und Torf zum Heizen.

Die Musikstunden gehörten neben dem Schreiben lernen und dem Rechnen zum Schulalltag. Gelesen wurde selten, da ja immer ein Teil der Klasse beschäftigt werden musste, entweder die höhere Klasse oder wir. Wären wir nicht durch zwei Reihen getrennt gewesen, wäre nicht zu erkennen gewesen, wer zu welcher Klassenstufe gehört. Gesungen wurde gemeinsam. Dann standen alle Jungen und Mädchen auf. Alle außer Heinz und ich. Wir waren als »die Brummer« bekannt und brachten den ganzen schönen Gesang mit unserem sonoren Brummen durcheinander. Einmal wurde mir besonders traurig ums Herz. Alle Kinder standen vorne, nur Heinz und ich mussten auf unseren Plätzen bleiben. Das Lied »Wo wir uns finden, wohl unter den Linden« war ein besonders anrührendes.

Einen Vater als Sparkassendirektor zu haben war nicht einfach. Zum Beginn des Schuljahres wurde mein Schulranzen mit allerlei Werbegeschenken der »Ältesten Sparkasse der Welt« vollgestopft. An Lineale, Stifte und die blauen Heftumschläge mit dem Girostempel erinnere ich mich noch gut. Diese Dinge musste ich dann an meine Klassenkameraden verteilen. Wie es mir damit ging? Ich weiß es nicht mehr, glaube aber, dass ich mich ein wenig schämte, einen so angesehenen Vater zu haben. Zumindest sollte wohl dieser Eindruck entstehen. Meine Klassenkameraden waren Bauernsöhne und -töchter, Kinder von TreckerfahrerInnen und MelkerInnen. Bis auf Werner, dessen Vater war Bauunternehmer. Aber auch Johann, der darauf bestand, dass sein Ohrenschmalz nicht entfernt werden durfte. Ich fand es ekelig. Aber sein Vater, der auch Johann hieß, hatte den größten Bauernhof im Dorf. Und er war der erste, der einen vollautomatischen Mähdrescher sein Eigen nannte. Stolz zeigte Johann ihn uns und wir standen ehrfürchtig vor diesem Ungeheuer, das vorne das Getreide fraß und hinten fein säuberlich getrennt das Stroh und das gedroschene Getreide ausspuckte. Was waren dagegen die Werbestifte meines Vaters?

Als wir mal wieder Erdkunde beim Schulleiter hatten, wurde aus einem Nebenraum eine große, leicht zerfledderte Landkarte geholt und im Klassenzimmer aufgehängt. Dann rief er einen Schüler nach dem anderen an die Karte, damit er die genannten Orte zeigen sollte. Ich suchte Berlin verzweifelt an der Ostsee. Wir waren so klein und die Karte so groß. Was interessierte mich Berlin, meine Welt war das Dorf und der angrenzende Wald, in dem wir wohnten. Und dann gab es noch die Kleinstadt Westerstede. Hier wohnte der Arzt. Oldenburg war für mich schon eine kleine Reise. Hier arbeitete mein Vater. Oldenburg war schon eine richtige Stadt. Durch die engen Straßen quälten sich die Trolleybusse. Das waren Linienbusse, die mit einem langen Gestänge auf dem Dach mit einer Elektroleitung verbunden waren. So fuhren in Bremen, wo meine Mutter nach der Scheidung lebte, die Straßenbahnen. Und da Oldenburg keine Schienen hatte, fuhren hier die Busse so.

Das war unsere Welt. Was interessierte uns da Berlin oder Dresden. Alle Schüler zitterten und waren froh, wenn sie nicht aufgerufen wurden. Der Schüler, der nach vorne gerufen wurde, kriegte den Rohrstock in die Hand gedrückt, um den gewünschten Ort zu zeigen. Als Gerd dran war und nicht wusste, welches die Nordsee und welches die Ostsee ist, geschah das Unvorstellbare. Der Lehrer riss Gerd den Stock aus der Hand und prügelte unversehens auf ihn ein. Wir saßen wie gelähmt in unseren Bänken. Auch noch als er sich vor Schmerzen auf dem Boden wälzte, schrie der Lehrer unverständliche Worte und schlug unvermindert auf ihn ein. Als der Stock auseinanderbrach, konnte Gerd die Chance nutzen und weinend aus der Klasse rennen. Er war ein zierlicher Bursche und eigentlich immer nett und nie auffallend im Unterricht. Auch so einer wie wir, der im Winter lange Wollstrümpfe trug und selbstgestrickte Pullover. Aber sein Vater war nur der Melker auf dem Hof der Freundin meiner Stiefmutter. Nie zuvor war mir so eindringlich klar, welchen Unterschied es macht, ob der Vater Melker ist oder einen großen Mähdrescher hat oder Sparkassendirektor ist.

Vermutlich ist die erste Kontaktaufnahme des Beraters oder der Beraterin mit einer ihm bisher nicht bekannten Organisation weniger dramatisch. Um dennoch einen Zugang zu neuen Aufträgen zu finden, die für die irritierenden, ängstigenden, verwirrenden Gefühle bei der Kontaktaufnahme einen Verstehensraum eröffnen, habe ich in der Ethnopsychoanalyse wertvolle Anregungen gefunden (vgl. Erdheim 1984, Parin et al. 1963).

Zum Beispiel im Umgang mit Irritationen und vermeintlichen

Fehlern. Statt sie vorschnell auf dem privaten Schuld- oder Inkompetenzkonto des Beraters oder der Beraterin zu verbuchen, können sie als erkenntnisförderndes Material dem Reflexionsprozess wieder zugänglich gemacht werden. Der methodische Weg dahin führt über das Verstehen der subjektiv erlebten Erschütterung und Verunsicherung im Sinne der Gegenübertragungsanalyse und der Irritationsanalyse. Diese Selbsterforschung kann die Beraterin beziehungsweise der Berater nur begrenzt für sich allein vornehmen, unterstützend muss ihm oder ihr eine Gruppe zur Verfügung stehen. Hier können eigene und prekäre Szenen besprochen werden (»zweites hermeneutisches Feld«), um die für den ethnopsychoanalytischen Prozess nötige Pendelbewegung zwischen der eigenen und der fremden Kultur herzustellen.

> »Die Forderung nach einer Pendelbewegung zwischen eigener und fremder Kultur ist auch für die innergesellschaftliche Forschung sinnvoll. Unsere Gesellschaft ist in eine Fülle von Subkulturen und sich wechselseitig relativierender Identitätsmuster zerbrochen. Ein Stück bleibenden Fremdheitsgefühls gegenüber vielen gesellschaftlichen Normen ist die individuelle Kehrseite des modernen Pluralismus.«

So begründet der Sozialpsychologe Ottomeyer (1987, S. 98) diesen Ansatz. Vielleicht haben wir BeraterInnen uns mit der Betonung der eigenen Feldkompetenz zu lange vor der Auseinandersetzung mit der eigenen gesellschaftlichen Fremdheit und Fragmentierung geschützt.

(Team-)Beratung mit Ethnopsychoanalyse zu vergleichen liegt für mich nahe, da ich den neuen Kontakt mit einem Team oder einer Institution auch so erlebe, als wenn ich eine für mich noch fremde, verschlossene Kultur betrete. Ich kenne die konkreten Verkehrsformen nicht, weiß nichts oder nur wenig über die Geschichte der Institution und deren Mitglieder usw. Ich muss mich also erst einmal ganz langsam und vorsichtig an das für mich Unbekannte herantasten. Wenn das ratsuchende Team oder der Coachee vorher noch keine Beratung in Anspruch genommen hatte, komme ich als Vertreter einer noch fremden Berufskultur.

Das Fremde verstehen heißt zunächst einmal, das Fremde in sich selbst zu verstehen. Für BeraterInnen in Organisationen ist es unabdingbar, sich über die eigenen Mythen, die man transportiert, klar zu werden, diejenigen Paradigmen zu reflektieren, die in die Arbeit einfließen. Die eigenen Basisprämissen laufen sonst Gefahr, der fremden Kultur übergestülpt zu werden. Man sollte sich der eigenen sozialen Herkunft, der eigenen Perspektivität, des eigenen gesellschaftlichen Status und vor allem des eigenen Störungspotenzials bewusst sein, um seine Gegenübertragungsreaktionen für die Diagnostik und Intervention in fremden Organisationskulturen nutzen zu können. Daneben wird in der (Rück-) Lenkung der Perspektive des oder der Beobachtenden auf dessen/deren Position und Einfluss auf das beobachtete Geschehen die Nähe zum psychoanalytischen Konzept der Gegenübertragung deutlich: So hatte Freud (1912, S. 108) in Zusammenhang mit Gegenübertragung formuliert, »dass jeder Psychoanalytiker nur so weit komme, als seine eigenen Komplexe und inneren Widerstände es gestatten.«

Der Schritt des (externen) Supervisors/der Supervisorin in diese für ihn/sie erstmal neue Kultur kann ebenfalls angst- und vorurteilsbesetzt sein. Er oder sie wird mit der Frage beschäftigt sein, ob er/sie in diesem Feld seine Berufskompetenz einbringen kann, ob es ihm/ihr gelingt, die Anliegen zu verstehen, und ob er/sie das Vertrauen der Ratsuchenden gewinnt. Die institutionellen Mechanismen, den/die außenstehenden BeraterIn in das System zu integrieren, sind bekanntlich sehr wirksam und kaum durchschaubar, klüger ist man gewöhnlich erst in der Rückschau. Aufgrund der institutionellen Differenzierung von Berufsrollen und -positionen ist der/die BeraterIn mit einer schier unendlichen Vielfalt von Identifikationsmöglichkeiten konfrontiert, die unweigerlich eigene biografische Erfahrungen mobilisieren.

Auch das Team beziehungsweise der Coachee ist mit der Frage beschäftigt, ob der »Neue« sie in ihren Anliegen verstehen wird, wie er vermeintliche Schwächen und Probleme einschätzt, ob er sie so annehmen kann wie sie sind. Deshalb ist jeder Beratungsbeginn von beidseitiger Ambivalenz begleitet, die die Angstdynamik beeinflusst. So werden sich beide – BeraterIn und Team beziehungsweise Coachee – mit der gebotenen Vorsicht und Skepsis begegnen, werden austesten, ob sie Vertrauen in die andere Seite haben können, werden bewusst oder unbewusst ausprobieren, wie weit sie gehen können und wie auf die Aktionen reagiert wird, ob sie positiv oder negativ bewertet werden. Ich habe die Erfahrung gemacht, dass in diesem spannungsreichen Beginn eine kognitiv-sachliche Auseinandersetzung nur begrenzt möglich ist, da die Angstbewältigungsmechanismen so stark die Szene beherrschen, dass Aussagen der Gefahr der Verzerrung unterworfen sind.

Und gerade diese Angst hat Chancen zum tieferen Verstehen. In der Professionalisierungsdebatte, in der gefordert wird, Ausbildung an Ausbildung zu reihen, an Souveränität und umfassendem Wissen zuzulegen (was wir sicherlich nicht als irrelevant bewerten wollen), vergibt man Möglichkeiten der Diagnose von fremden Organisationskulturen, wenn man nicht bereit ist, die zur Fremde dazugehörige Angst wahrzunehmen und sie nutzbar zu machen. Es gilt: »Der Angst ins Gesicht sehen, um der Versuchung zu widerstehen, Teile seines Materials zu verdunkeln« (Devereux 1992, S. 126, vgl. auch Wellendorf 2000).

Bereits an dieser Nahtstelle zwischen der ersten vorsichtigen Beratungsanfrage bis zur direkten Kontaktaufnahme formiert sich das organisationelle Szenario. Auf der direkten Bühne stehen meist nur einige der Mitwirkenden. Ein Großteil der MitspielerInnen bleibt hinter der Bühne, beobachtend, abwartend, die Mitwirkenden auf der Bühne betrachtend, sich gelangweilt abwendend oder auf das Spiel Einfluss nehmend. So ist es häufig bei organisationellen Beratungen: Der/Die Beratende führt nicht wie im Theater Regie. Er oder sie kennt nicht mal das Stück, das gespielt wird – kennen es die Mitwirkenden auf der Bühne oder die hinter dem Bühnenvorhang? Der/die externe BeraterIn ist in erster Linie Gast der Organisation, er/sie kann so wie er eingeladen wurde auch sehr schnell wieder ausgeladen werden.

Meine Bilder sollen helfen, ein Verständnis für die Organisationsmatrix zu vermitteln, auf der die organisationelle Beratung (Supervision wie Organisationsentwicklung oder Coaching) einen bedeutsamen Platz einnimmt. Zur Organisationsmatrix gehören neben der Organisationsgeschichte und ihren Mythen alle RollenträgerInnen der Organisation, die potenziell bei der Realisierung der Arbeitsaufgabe von Bedeutung sind. Die verborgenen organisatorischen Konflikte konstellieren sich in der Art der Kontaktaufnahme zum/zur BeraterIn und im gemeinsamen Spiel. Der Begriff der Organisationsmatrix fasst dieses Geschehen sehr gut, und zwar einerseits die formale Struktur und die Arbeitsaufgabe und andererseits die schwerer fassbaren Bindungs- und Abhängigkeitsaspekte. Matrix bedeutet nämlich eigentlich »Muttertier« (frz.) und meint im übertragenen Sinne allgemein »das, worin etwas erzeugt oder hergestellt wird«. Die Organisationsmatrix stelle ich mir aus einem feinen Geflecht sichtbarer und unsichtbarer Strukturen vor, wobei sich diese Strukturen gegenseitig bedingen. Die Veränderung eines Strukturelements beeinflusst die anderen Strukturelemente. Dazu ein kleines Fallbeispiel:

> Angefragt wurde ich von einer Beratungsstelle, in der ausschließlich Frauen arbeiten. Ich fragte mich, ob ich als Mann die Supervision – es ging um Teamentwicklung im Rahmen eines OE-Prozesses – überhaupt machen sollte. Irgendetwas reizte mich und ich verabredete ein Erstgespräch in der Beratungsstelle. Um einen großen Konferenztisch saßen zwölf Frauen. Mein freigehaltener Platz war am Kopfende, eingequetscht zwischen Tisch und Wand, sodass ich mich kaum bewegen konnte. Die Mitarbeiterinnen erzählten von ihren bisherigen – nicht immer positiven – Supervisionserfahrun-

gen und was sie alles von mir erwarten würden. Ich spürte zunehmenden Druck und vor allem die Enge, mich nicht bewegen zu können. Nicht einmal Fluchtgedanken waren möglich: Ich war ihr Gefangener, fernab der Tür, wie gefesselt an meinen Platz. Was hatten sie mit mir vor? Als ich den Druck, den ich spürte, und auch meinen eingeengten Platz ansprach, entspannte sich die Situation beidseitig zusehends. Ich konnte etwas rücken, um mir Luft zu verschaffen, die Frauen mussten lachen. Eine Mitarbeiterin meinte, ich müsse aufpassen, dass ich mich nicht von ihnen verführen lasse. Auf meine Frage, was denn damit gemeint sei, meinte sie, dass ich die Spannung halten müsse. Der Leiterin fiel zu dem Bild des »eingequetschten Mannes« ein, dass sie eigentlich schon seit mehreren Jahren versuchen würden, ihr Team durch Männer zu erweitern. Aber immer kam es dazu, dass sie sich stattdessen für Frauen entschieden, obwohl sie konzeptionell eigentlich den Anspruch hätten, als Beratungsstelle für Familien und Paare zweigeschlechtlich aufgestellt zu sein. Wenn sie nun sehe, wie die Beratungsstelle mit Männern umgehe, wundere sie sich nicht, dass die Umsetzung des Vorhabens immer gescheitert sei.

Die Idee der Ethnopsychoanalyse scheint mir für unsere Arbeit als BeraterInnen produktiv zu sein, da sie einen Verstehens- und Handlungsrahmen anbietet für die ablaufenden Prozesse, zum Beispiel

1. den Umgang mit der beidseitigen Angst vor dem Neuen, die sich im aktuellen Setting manifestiert. Unter der Prämisse der Angstbewältigung (besser als Angstabwehr) verstehe ich das Setting dann als Kompromissbildung.
2. Die gegenseitigen Verwicklungen können sich in konkreten Szenen zeigen und als Ausdruck eines unbewussten Arrangements der tieferliegenden institutionellen Konfliktdynamik verstanden werden. Die Bedeutung – und selbst das Er-

kennen solcher Szenen – ist oft erst im Nachherein möglich. Wie in einem Film kann man die Szene dann zurückspulen und in der Zeitlupe zu einem späteren Zeitpunkt gemeinsam versuchen zu verstehen.

3. Der/Die BeraterIn kann seine/ihre Gefühlsreaktionen unter dem Gesichtspunkt der Gegenübertragung analysieren.
4. Polarisierungsprozesse (gut-böse, schuldig-unschuldig usw.) können als Form der Ambivalenzspaltung gesehen werden, die Ausdruck einer relevanten angstbesetzten Dynamik ist.

Jürgen Grieser (2011) weist an verschiedenen Stellen in seinem Buch *Architektur des psychischen Raumes* auf die Bedeutung der Kultur als dritter Dimension hin. Jeder trägt seine spezifischen Kulturerfahrungen wie in einem Rucksack mit sich und legt diese Erfahrungen als Messlatte an neue Erfahrungen als Orientierung an.

Da Vater oder Mutter als familiäre Repräsentanten für den Einzelnen beziehungsweise die Einzelne die deutlichsten Konturen hinterlassen, wird bei der Erklärung konflikthaften Verhaltens (vor-)schnell auf sie zurückgegriffen. Aus meiner eigenen therapeutischen Selbsterfahrung und Arbeit weiß ich, dass sich diese Sichtweise oft aufzwingt und von daher plausibel erscheint. Gerade durch die Selbsterfahrungen, die ich im Institut Triangel geleitet habe, weiß ich, dass die institutionellen Einflüsse auf zweierlei Weise wirksam sind. Die Selbsterfahrungsphasen führte ich im Rahmen von zweijährigen Weiterbildungen für Gruppenleiterinnen und -leiter durch. Dort versuchten wir herauszufinden, welches die prägenden Gruppen- und Institutionserfahrungen waren, die im Kontakt und der Arbeit mit aktuellen Gruppen (unbewusst) wirksam sind. Auch wenn ich das bisher nicht systematisch ausgewertet habe, lässt sich aber so viel feststellen: Erstens ist bedeutsam, in welchem gesellschaftlichen oder kulturellen Kontext die eigene Familie angesiedelt war. Beispielsweise hat es einen großen Einfluss auf die Familiendynamik, wenn die Eltern in einer dörflichen Struktur leben, selbst aber durch den kaufmännischen Beruf des Vaters innerhalb der Gemeinschaft einen besonderen Status haben. Zweitens ist es bedeutsam, welche Erfahrungen der oder die Einzelne außerhalb der Familie gemacht hat. Besonders prägend sind hier die langen Schulerfahrungen, die oft begleitet waren von Gefühlen der Auslieferung (an SchülerInnen wie LehrerInnen) und der permanenten Angst vor Nichtanerkennung, Ausschluss, Beschämung und Bindung durch Loyalitätskonflikte, sich zwischen Zweien entscheiden zu müssen, einhergehend mit der Angst vor Verrat, sich der anderen Seite zuzuwenden.

Ich glaube, dass den komplizierten institutionellen Einflüssen sowohl in der Praxis als auch in der Theorie viel zu wenig Beachtung geschenkt wird. Das hängt ganz sicherlich damit zusammen, dass die Einflüsse und Wechselwirkungen so schwer fassbar und nachweisbar sind. Für mich steht fest, dass sie hochwirksam und bedeutsam sind. Und dies auf zweifache Weise: Einerseits wird die Familiendynamik und -kommunikation ganz wesentlich durch ihre gesellschaftlich-kulturelle Einbindung beeinflusst. Oft ist das erst im Negativen beobachtbar. Beispielsweise, wenn das Familiensystem durch Arbeitslosigkeit oder dergleichen institutionell nicht mehr eingebunden ist. Dann wird schnell deutlich, dass entlastende Außenbeziehungen fehlen, die zur Überforderung der familiären Aufgaben führen und damit häufig zum Zusammenbruch. Andererseits können die Erfahrungen, die das Kind nach der primären familiären Bindung außerhalb macht, positiv oder negativ modifiziert werden. Zu wenig Beachtung findet dabei meines Erachtens die positive Chance, die den institutionellen Erfahrungen zukommt. Hier werden die frühen familiär-vermittelten unbewussten Muster in besonderer Weise modifiziert. Das heißt, sie können auch positiv aufbauend erweitert werden durch nachhaltig gute Erfahrungen, die das Kind oder der/die Heranwachsende in Kindergarten, Schule, Ausbildung und dergleichen. macht. Ich glaube, dass die institutionellen Bezugspersonen sich ihres Einflusses oft gar nicht genug bewusst sind.

Das Individuum entwickelt sich somit immer entlang den psychischen Grenzen seiner Primärgruppe und nimmt deren Grenzen in Form von Ambivalenzen, Spaltung etc. in die eigene Psyche auf. Oder wie Bernfeld (1969 [1925], S. 50) es schon vor 100 Jahren formulierte: »Die Kindheit verläuft als Resultat der angeborenen Reaktionstendenzen und -weisen auf die vorgefundenen konkreten, zufälligen und allgemeinen Lebensumstände.« Somit ist individuelles Verhalten nie ohne seinen je konkreten Gruppenkontext zu verstehen. Krankheit im Sinne »psychischer Störung« ist deshalb zum Beispiel immer Resultat eines sehr komplexen gruppendynamischen Geschehens. Ich glaube, dass man sich diesen Satz gar nicht lange genug auf der Zunge zergehen lassen kann. Denn fast alle psychologischen Entwicklungstheorien entwerfen immer wieder das (oft unausgesprochene) Bild, nach dem einzig die Familie den prägendsten Einfluss auf das Kind zu haben scheint. Ich glaube, dass dabei übersehen wird wie groß der (direkte oder indirekte) Einfluss der gesellschaftlichen Institutionen ist. Ich denke dabei ganz konkret an die Bedeutung, welche die Arbeit – beziehungsweise der Arbeitszusammenhang – für das Individuum hat. Und zwar nicht in erster Linie als Quelle des Gelderwerbs. Vielmehr vermittelt die institutionalisierte Zugehörigkeit zu einer Arbeitsstätte dem oder der Einzelnen seine beziehungsweise ihre soziale Eingebundenheit in die Gesellschaft. Mit dem Verlust der Arbeit, geht auch diese institutionelle – und damit identitätsstiftende – Eingebundenheit verloren. Ich glaube, dass dieser Verlust für das Individuum größer ist, als es auf den ersten Blick scheinen mag (bedeutet der Verlust von Arbeit oft doch nur den Verlust stark entfremdeter Arbeit), denn in der Regel stehen dem/der Arbeitslosen keine anderen institutionellen Anbindungen zur Verfügung. In diesem Zusammenhang geht es nicht nur um den Verlust von Arbeit, sondern auch den Verlust von Bindung und Verlässlichkeit in unseren orgnisationellen Veränderungsdynamiken. Das Gleiche gilt natürlich für alle anderen, immer größer werdenden Bevölkerungsgruppen, die aus dem Arbeitsprozess herausfallen oder gar nicht erst hineingelassen werden. Ihnen alternative institutionelle Zugehörigkeiten anzubieten scheint mir eine große und wichtige gesellschaftliche Aufgabe zu sein.

Der/Die BeraterIn als Teil einer organisationellen Dreiecksbeziehung

Oder: die Angst vor der Triade

Ich stoße in meiner Arbeit als externer und auch als interner Berater immer wieder auf die Frage: Welchen der angebotenen organisationellen Stühle will und kann ich besetzen? Ich wähle das Symbol des Stuhles, um deutlich zu machen, dass die Position des Beraters/der Beraterin im Geflecht der organisationellen Dynamik nie eindeutig vordefiniert ist. Und wenn die Position vordefiniert ist, mag darin bereits ein Problem liegen, dass schnell zum Scheitern der Beratung führen kann. Mehrere eindrucksvolle Beispiele dazu schildern Selvini-Palazzoli et al. (1984) in ihrem Buch *Hinter den Kulissen der Organisation*. Hier nahmen die psychologischen BeraterInnen in sehr unterschiedlichen Organisationen die von der Leitung gewünschten Positionen und Aufträge unhinterfragt an und scheiterten allesamt. Ich vermute, dass es zur professionellen Kompetenz des Beraters oder der Beraterin gehört, sich seiner/ihrer offenen und – schwerer noch – versteckten Aufträge und Positionen bewusst zu werden. Ganz gleich, um welche Form von Beratung es sich handelt (Team- oder Organisationsberatung, Coaching), immer werden ihm beziehungsweise ihr unbewusst Bündnisangebote gemacht. Das liegt in der Natur der Sache, schließlich wünscht sich der/die direkte BeratungsnachfragerIn die größte Unterstützung, und zwar nicht nur für sich, sondern vielfach gleichzeitig (unausgesprochen) gegen Jemanden.

Die organisationale Triangulierung ist eine besondere: Wir können sinnvollerweise differenzieren in die *äußere Triade* und die *innere Triade*. Kommen wir zuerst zur äußeren Triade. Sie zeichnet sich durch den sogenannten Dreieckskontrakt aus, das heißt, eine organisationale Triade beziehungsweise ein Dreieck zeichnet sich beispielsweise in der Team-Supervision durch die Beziehung des Supervisors/der Supervisorin zum Team und zur Leitung aus.

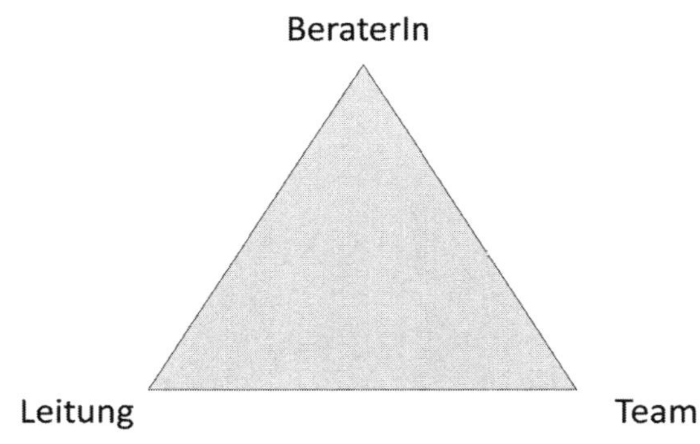

Abbildung 2: Dreieckskontrakt

Die Betonung liegt auf dem *und*, denn viele SupervisorInnen verlieren beispielsweise bei der Team-Supervision die Leitung der Organisation aus dem Auge. Obwohl der sogenannte Dreieckskontakt sogar zu den ethischen Richtlinien des Berufsverbandes gehört, erlebe ich in Kontrollsupervisionen und KollegInnengesprächen immer wieder, dass BeraterInnen – wenn überhaupt – nur einen instrumentellen Kontakt zum/zur Auftraggebenden aufnehmen. Hier stößt man häufig auf taube Ohren und der/die BeraterIn kann sich beruhigt zurücklehnen, da er/sie ja den formalen Dreieckskontakt versucht hat: »Ich habe das Gespräch angeboten, aber der Geschäftsführer meinte, er brauche das nicht.« Hier stellt sich die Frage nach seinem/ihren Selbstverständnis als Experte/Expertin für Beratung. Es geht auch um das Interesse des Auftraggebers beziehungsweise der Auftraggeberin. Wir beobachten immer wieder, dass die Auftragsklärung seitens der auftraggebenden Stelle häufig nebenbei stattfindet – und vom/von der

BeraterIn aus Bequemlichkeit gerne so angenommen wird oder, wie es eine Kollegin ausdrückt, »der Auftrag über den Zaun geworfen wird«. Diese *Lethargie des Ungefähren* schlägt sich dann wie Mehltau als latente Unklarheit auf die Beteiligten nieder.

Die Antwort des Beraters/der Beraterin auf die Kontaktablehnung könnte auch lauten: »Mir ist wichtig, Sie als Verantwortliche/n kennenzulernen und mich mit Ihnen abzustimmen.« Die Gründe für das Ausweichen könnten in der *triadischen Grundangst* liegen, der Angst, die Balance zwischen Ausstoßung und Vereinnahmung nicht halten zu können. Weiter unten schildere ich ein Beispiel aus meiner Praxis – es geht um die Station mit Schlaganfallpatienten –, in dem ich dem Kontakt mit einer als schwierig beschriebenen Chefärztin stetig vermieden habe.

Das Problem ist, dass durch den Ausschluss von AuftraggeberIn – beziehungsweise der oder des Teamverantwortlichen – die Organisationsmatrix zu einer Gruppenmatrix reduziert wird. Oder, mit den Worten Bauriedls, zu einer Stange. Die Triade ist eine Herausforderung, da sie den/die BeraterIn fordert, zu zwei Seiten eine Beziehung aufzubauen, zum Beispiel zum Team und dessen Leitung, ohne die eine Beziehung wertmäßig über die andere zu stellen.

Das klingt theoretisch einleuchtend, doch der Beratungsalltag sieht allzu oft so aus, dass die Mitarbeitenden in der Teamberatung über die schlechten Arbeitsbedingungen klagen und berichten, was alles nicht möglich sei. Zweifellos haben ihre Klagen einen höchst realistischen Kern. Nach Hartmut Rosa sind sie ebenso Ausdruck von entfremdeten Beziehungen, in denen von der Leitungsebene keine Wertschätzung erfahren wird. Wo keine Resonanz stattfindet und die Mitarbeitenden emotional verhungern, verhungern ihre Führungskräfte emotional ebenso. Die Beratung wird dann vielfach als »Resonanzhafen« (Rosa 2016, S. 402) erfahren, in dem dennoch in seiner Begrenztheit Auftanken und Spüren von wechselseitiger Beziehung und Wirksamkeit möglich ist.

Beratung lebt von der Energie zwischen BeraterIn und Ratsuchenden und den Ratsuchenden untereinander, einer Energie, die getragen ist von der Lust, etwas zu erfahren, die Sinne zu öffnen und sich einzulassen. In diesem Zusammenhang spricht Rosa vom Resonanzdreieck als Modell gelungener Resonanz. Es zeichnet sich durch das Dreieck Berater – KlientInnensystem – Reflexionsgegenstand aus. Und in der Mitte als Verbindendes steht die Beratung als Resonanzraum. Rosa (ebd., S. 283ff.) versteht unter Resonanz unter anderem ein »aufeinander Einschwingen«. BeraterInnen und KlientInnen reagieren oder antworten auf die Schwingungsimpulse des jeweils anderen. So findet ein Prozess wechselseitigen »Berührens und Berührtwerdens« statt. Ich halte das für ein sehr passendes Bild für eine reflektierende Beziehung. Dieser wechselseitige Kontakt ist die Basis der Beratungskunst. »Resonanzbeziehung zuzulassen bedeutet, sich verletzbar zu machen, verwundbar zu sein, und da ist das Risiko. Aber gleichzeitig bedeutet es [...] die Überzeugung zu haben, dass ich antworten kann auf das, was mich da berührt« (ebd.).

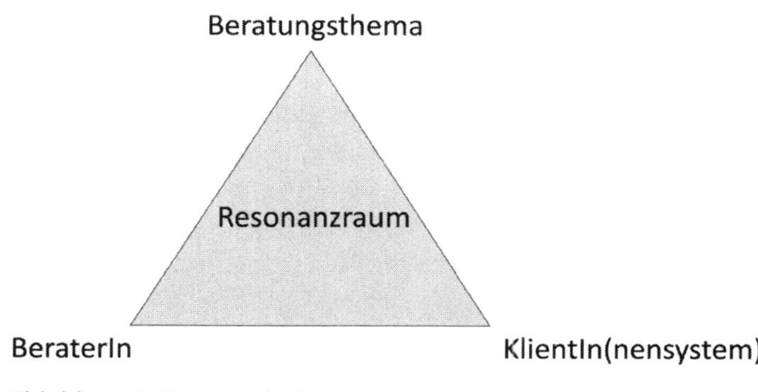

Abbildung 3: Resonanzhafen

Was machen wir aber, wenn wir uns die Klagen unserer BeratungsklientInnen zum dritten Mal empathisch verstehend angehört haben? Ohne zynisch zu werden, ist es mein Anliegen, den Mitarbeitenden eine andere Perspektive anzubieten. Hier befinden wir uns in einer wahrhaftig prekären Situation. Einerseits lassen sich die zum Teil brutalen Willkürlichkeiten im beruflichen Alltag nicht wegreflektieren.

Andererseits ist es meine Überzeugung, dass aus dieser real erlebten Opferhaltung keine Veränderung möglich ist. Im Gegenteil, sie ist oftmals eine Einladung zu depressivem Rückzug, Burnout, innerer Kündigung und dergleichen. Dass sowohl die direkt betroffenen Mitarbeitenden als auch die Geschäftsleitungen für sich die Opferrolle reklamieren, passt in das Bild, das Matthias Lohre (2019) treffend mit *Das Opfer ist der neue Held* charakterisiert. Lohre illustriert das mit zahlreichen Beispielen aus Politik und Wirtschaft. In Organisationen erleben wir Geschäftsleitungen, die sich gegenüber der Belegschaft als ohnmächtige UmsetzerInnen übergeordneter Zwänge zu positionieren versuchen. Ohne Zweifel sind die Zwänge oftmals zutreffend und entsprechend einschneidend, dennoch hat die Leitung meines Erachtens die Aufgabe, sich vor die Mitarbeitenden zu stellen und nicht neben sie. Oder mit den Worten Otto Kernbergs (1988, S. 206):

> »Ein Leiter, der seine Mitarbeiter allzu sehr mit den eigenen Problemen belastet, kann bei ihnen nicht nur eine Angst im Hinblick auf Probleme erzeugen, die sie selbst nicht zu lösen vermögen, sondern auch in ungeheurem Maße die Erwartung steigern, daß sich ›alle Probleme durch Offenheit und Menschlichkeit lösen lassen.‹«

Den Motor für dieses Verhalten sieht Kernberg in den »Abhängigkeitsbedürfnissen« des Leiters. Dazu ein Beispiel:

> Das Team einer ambulanten psychiatrischen Einrichtung fragt nach Fall-Supervision an. Fünf Kolleginnen und Kollegen arbeiten in einem gemeinnützigen Verein in einem Stadtteil. Dort bieten sie einen offenen Treffpunkt für

Gruppen- und Einzelgespräche sowie Therapien an. Schon im Erstkontakt wird darauf hingewiesen, dass man sich im Team uneinig sei, ob der Leiter an der Fall-Supervision teilnehmen solle. Eine Hälfte sei dafür, die andere dagegen. Schon in der ersten Sitzung entfalteten sich Fantasien bei den Mitarbeitenden und dem Leiter, warum er so an diesem Team hing, ein Teil des Teams ihn aber lieber außerhalb sehen wollte. Institutionsgeschichtlich bildete dieses Team nämlich die Urzelle des Vereins. Von hier aus wurden weitere Projekte ins Leben gerufen, die zu einer enormen Vergrößerung des Vereins beigetragen hatten. Der Leiter fühlte sich dieser Urzelle und einigen alten MitbegründerInnen noch sehr verbunden, außerdem befand sich die Verwaltung des Gesamtvereins ebenfalls in diesen Räumen.

Bei mir entstand die Fantasie, dass der Leiter sein Bett immer noch im Kinderzimmer stehen habe, obwohl er eigentlich längst daraus entwachsen sei, ihm die Trennung aber schwerfalle, da er sich jetzt eigentlich eine andere Bezugsgruppe suchen müsse. Er konnte das Bild gut annehmen und es wurde nach Wegen gesucht, welche neue Organisationsform der Verein jetzt eigentlich brauche, um seinen gewachsenen Aufgaben gerecht werden zu können. Ein vernünftiger Weg schien zu sein, dass die Verantwortlichen der verschiedenen Projekte zusammen mit dem Leiter ein eigenes Gremium bilden. Dadurch hatte er die Möglichkeit, in diesem Kreis über seine Arbeit zu sprechen, und brauchte nicht mehr die KollegInnen der Urzelle mit seinen Fragen und Problemen von ihrer eigentlichen Betreuungsarbeit abzuhalten. Es wurde nämlich verständlich, dass der Wunsch nach Fall-Supervision davon mitgetragen war, sich mehr auf die pädagogisch-therapeutische Arbeit begrenzen zu können und nicht ständig durch die organisatorischen Veränderungsprozesse abgelenkt zu werden. Damit war auch der Wunsch der Mitarbeitenden verbunden, selbst mehr

> Verantwortung für ihre Arbeit zu übernehmen – oder um im Bild zu bleiben: auch das Kinderzimmer zu verlassen und erwachsen zu werden. So können wir die anfängliche Frage, ob die Supervision mit oder ohne Leiter stattfinden sollte, auch als gemeinsame Ambivalenz verstehen. In der Anfangsfrage war sie noch gespalten im Dafür und Dagegen. In der Analyse konnte die gemeinsame Angst und der gleichzeitige Wunsch deutlich werden, für die jeweilige Arbeit ein Mehr an Verantwortung zu übernehmen – bei gleichzeitigem Verlust der schützenden Urzelle.

In solchen Fällen ist ein persönliches Coaching für die Leitung sinnvoll, um andere Formen der Befriedigung auszuloten, es kann auch Thema in der Organisationsberatung werden, um die Rollenklarheit wiederherzustellen. So kann sich das Dreieck *Mitarbeiter – Leitung – Arbeitsbezug* wieder entfalten und wirksam werden.

Für die Teamberatung der Mitarbeitenden kann es darum gehen, sie zu ermutigen, in die »TäterInnenrolle« zurückzufinden. TäterInnen nicht im Sinne des Strafgesetzbuches, sondern im Sinne von aggredi, von Daraufzugehen, Kontakt und Beziehung aufzunehmen zu den Menschen aus dem unmittelbaren Kreis, auch zu sich und zu den eigenen Körpersensationen, wie Wut, Trauer und Enttäuschung. Der Begriff, der dafür oft benutzt wird lautet »Verantwortung übernehmen«. In meinen Ohren klingt das eher wie ein Befehl denn eine Haltung. Es braucht diese bedingte Lebendigkeit – nicht nur als Basis für Reflexion, sondern für Gestaltung, um die eigene Kraft zu spüren. Wahrlich ein Balanceakt, der immer auch die Trauer über das Nicht-Mögliche, über die Begrenzung in sich trägt. Dieser Balanceakt ist ebenso strukturell bedingt, und zwar als grundlegende Ambivalenz zwischen individueller Freiheit in bisher unbekanntem Ausmaß auf der einen Seite und einem zunehmenden Ausgeliefertsein an soziale Anforderungen auf der anderen Seite.

Um die Position des Dritten in solchen Situationen nicht zu verlieren, sage ich schon mal: »Ich glaub, ich rücke so langsam immer näher an Sie heran; um nicht auf Ihren Schoß zu landen, ist es ratsam, dass ich wieder meinen Platz als Berater zwischen Ihnen und der Leitung finde.« Die triadische Position wird uns nicht geschenkt, um sie muss immer wieder gerungen werden. Das erfordert in manchen Situationen auch den »Mut zur Präsenz« (Pühl 2016). Das meint, unter anderem, das Risiko einzugehen, die Nähe zum Klienten/zur Klientin durch entsprechende Interventionen auf eine Belastungsprobe zu stellen.

Machen wir uns nichts vor, bei aller Suche nach der dritten Position zeigt sich im Konkreten, dass meist nur die Beziehung zwischen zwei Positionen präsent ist und eine Position die Rolle des/der Abwesenden einnimmt, und zwar:

- Leitung: Wenn der/die BeraterIn mit dem Team arbeitet
- Team: Wenn BeraterIn und Leitung den übergeordneten Auftrag klären
- BeraterIn: Wenn Team und Leitung im Austausch sind

Dieser vermeintliche Ausschluss findet freilich im Konkreten immer hinter dem Vorhang statt und wird in den seltensten Fällen als solcher real erlebt, er bleibt vage, aber dennoch in den Fantasien lebendig. Sich trotz der realen Nichtpräsenz nicht dauerhaft ausgeschlossen zu erleben, erfordert von allen Beteiligten in den beschriebenen unterschiedlichen Konstellationen eine gehörige Portion Selbst- und Fremdvertrauen. Trägt das Vertrauen nicht und die triadische Grundangst dominiert die Gefühle wie Neid, Ärger, trotzigen Rückzug, Abwertung oder dergleichen, so bedeutet das den Selbstausschluss aus dem Dreieck und öffnet Polarisierungen Tür und Tor.

Ich denke bei dieser Betrachtung wird verständlich, warum ich die Angst vor Ausschluss an die oberste Stelle der *triadischen Grundangst* stelle und die Angst vor Vereinnahmung erst an zweiter Stelle sehe.

Das Coaching von selbstzahlenden Einzelpersonen stellt triadisch eine besondere Herausforderung dar, denn die Leitung als AuftraggeberIn – und damit als Dritte/r – erscheint in diesem Setting nicht. Es findet kein Dreieckskontrakt statt, das ist sein besonderes Kennzeichen. Die Coachees legen nach meinen Erfahrungen größten Wert auf die unbedingte Loyalität des Beraters oder der Beraterin, sie sehen in ihm/ihr häufig die Verbündete oder den Verbündeten in den Auseinandersetzungen mit ihrer Organisation. Hier ist der/die BeraterIn ständig in Gefahr der Vereinnahmung, in Gefahr, mit dem Coachee loyal zu sein und seine einseitige Sichtweise zu teilen. Dem Zweiersetting ist die Verführung zur Therapeutisierung immanent, das heißt, den Fokus auf die Beziehung zu legen und den Arbeitsbezug aus dem Auge zu verlieren. Gelingt es dem Coach, den Arbeits- und Organisationskontext seines/ihres Coachees als konstitutives Element wach zu halten, ist dies das Dritte, das den Winkel schließt.

Kommen wir nochmal auf die Teamberatung zurück: Sie ist immer eine gesamtorganisationale Veranstaltung. Denn sie findet während der Arbeitszeit statt, wird in der Regel von der Organisation finanziert und kann als solche nur stattfinden, wenn die Leitung der Organisation dem zustimmt. In der Phase der Auftragsklärung ist es unabdingbar, dass mit der Leitungsperson ein Gespräch geführt wird, um das Dreieck zu schließen, um auch mit dem/der Verantwortlichen einen Kontrakt schließen zu können. Wir schließen dabei innerlich auch einen Kontrakt mit der Arbeitsaufgabe der Organisation.

Denn die Arbeitsaufgabe, primery task, wie Rice (1965) es nannte, ist der zentrale Bezugspunkt für alle Beteiligten im Prozess, für die Leitung ist das keine Frage, denn ihre Aufgabe ist es insbesonders, die damit verbundenen Prozesse im Auge zu haben. Im Kontakt zwischen Team und BeraterIn ist die Arbeitsaufgabe als Drittes immer Regulativ für die gemeinsame Arbeit. Was heißt das? In Teams erleben wir immer wieder Konflikte zwischen KollegInnen, die manchmal allzu schnell als Beziehungskonflikte

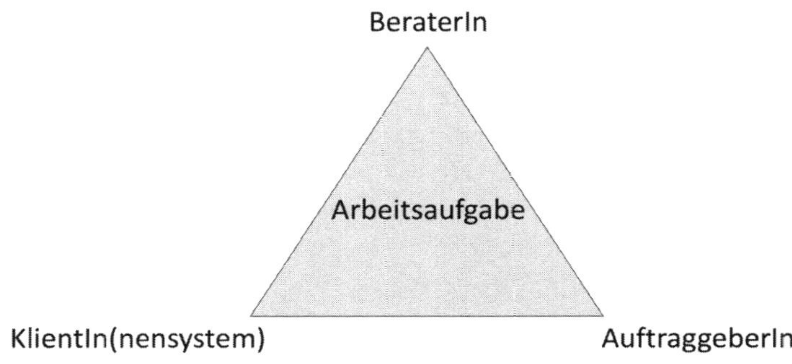

Abbildung 4: Beratungstriade

definiert werden. Dann ist der Arbeitsbezug als das gemeinsame Dritte von beiden Konfliktparteien verlorengegangen, deshalb müsste die Frage lauten: »Wodurch ist die Arbeitsbeziehung gestört – Welche Strukturen, welche Abläufe behindern die Kooperation?« Das heißt, wir versuchen die beteiligten KonfliktpartnerInnen wieder ihrer Rolle näher zu bringen, aus der sie herausgefallen sind, indem die Beziehungsaspekte – die nicht zu leugnen sind – die Regie übernommen haben.

In unserer oben beschriebenen Pionierphase war das für uns ein absolutes Tabu. Wir waren ja Unterstützende, sprich Verbündete, der Teams gegen ihre Leitungen. Auch heute noch beobachte ich in unseren Kontrollsupervisionen mit Kollegen und Kolleginnen immer noch eine gewisse vorsichtige Scheu, diesen Schritt zur Leitung zu gehen und mit ihr in Kontakt auf Augenhöhe zu gehen. Diese Scheu ist gespeist aus der Angst vor einem fantasierten Misstrauen der Teammitglieder. Es dürfte wohl eher die eigene Triadenangst der BeraterInnen sein, die diesen Weg so holprig macht, das heißt die Angst davor, innerlich keinen Kontakt eingehen zu können und die Balance zwischen den Polen zu balancieren. Das ist in der Tat immer wieder eine intrapsychische Herausforderung bei eskalierten Spaltungen. Letztlich geht es darum, das organisationelle Dreieck *Mitarbeitende – Arbeits-*

aufgabe – Organisation zu halten, dadurch definiert sich Beratung.

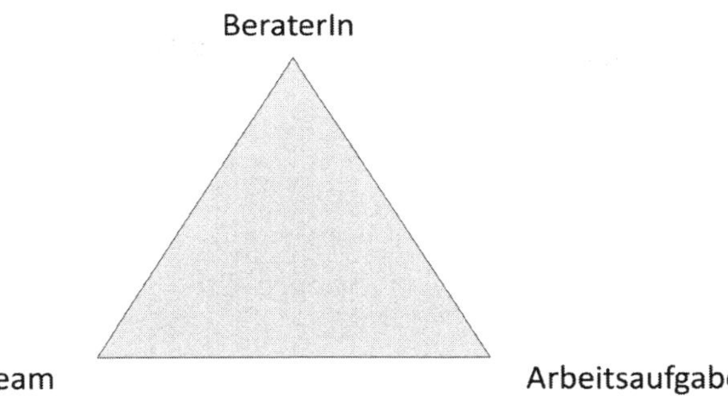

Abbildung 5: Arbeitsaufgabe

Organisationsbezogene Beratung hat die Aufgabe, das Zusammenwirken dieser drei Faktoren zu untersuchen. In der Regel wird Unterstützung dann angefragt, wenn dieses dynamische Dreieck *Mitarbeitende – Arbeitsaufgabe – Organisation* nicht mehr im Gleichgewicht ist. Die organisationelle Dysfunktion zeigt sich auf der Seite der Mitarbeitenden beispielsweise in eskalierten Teamkonflikten, in hohem Krankheitsstand oder ständiger Überforderung mit Burn-out-Syndromen. Auf Organisationsseite zeigt sie sich beispielsweise darin, dass verschiedene Abteilungen nicht hinreichend gut kooperieren, dass es keine klaren und verlässlichen Verantwortlichkeiten gibt. Und aufseiten der Arbeitsaufgabe wird sie sichtbar, wenn die Betreuung von PatientInnen, die Beratung von KlientInnen oder die Produktion von Waren nicht in ausreichendem Maße sichergestellt ist oder aufgrund von Strukturveränderungen umgestellt werden muss.

Wie das Schaubild (Abbildung 6) zeigt, geht es den Mitarbeitenden in sozialen Organisationen wie dem/der BeraterIn. Sie müssen das spiegelbildliche Dreieck *BeraterIn – Organisation – KlientIn* halten. Oftmals fällt ihnen das schwer, weil sie die organisatorischen Widersprüche spüren. Dann verbünden sie sich unbewusst mit dem Klienten beziehungsweise der Klientin gegen die repressive Organisation. (Das war zu Beginn unserer Beratungstätigkeit der oben beschriebene »subversive« Ansatz.) Durch dieses Bündnis fällt der/die KlientIn mit seinen eigenen Bedürfnissen jedoch aus dem Dreieck heraus und wird damit letztlich allein gelassen. Oder wie ich es in meiner Arbeit als Sozialarbeiter in einem Heim für Jugendliche erlebt habe: dass sie nach einer vermeintlich guten Entwicklung und einer gesunden Distanzierung von ihren (gewalttätigen) Eltern nach der Entlassung aus dem Heim schnurstracks genau zu diesen Eltern zurückgezogen sind. Ähnliche Erfahrungen machen Mitarbeiterinnen in Frauenhäusern, wenn sie erleben, dass nach einer Zeit der Stabilisierung die Frauen zu ihren gewalttätigen Partnern zurückkehren.

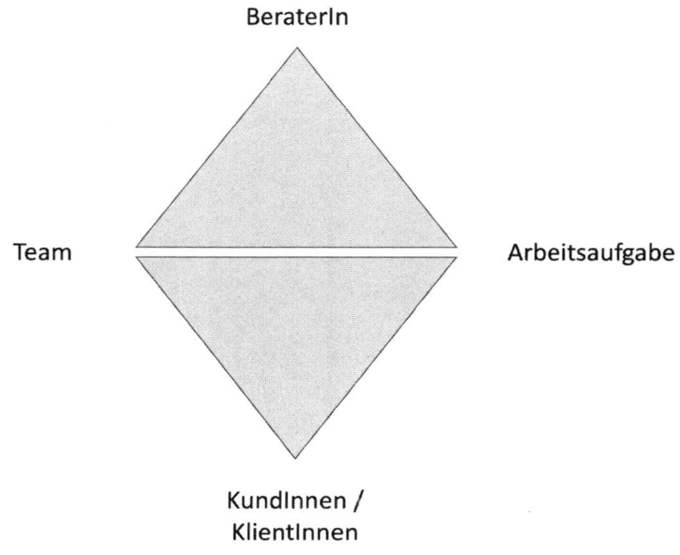

Abbildung 6: Spiegelbildliches Dreieck

Ich möchte die Bündnisdynamik aus meiner Sicht als Berater vertiefen, der als Externer in eine Organisation kommt. Da Beratung in der Regel dann angefragt wird, wenn es um Konflikte oder Strukturveränderungen geht, die die Organisation mit ihren eigenen Ressourcen nicht bewältigen kann, wird oftmals versucht, den/die BeraterIn als BündnispartnerIn einer Konfliktpartei gegen eine andere zu gewinnen. Dies vollzieht sich meist subtil und vor allem ungeplant. Es handelt sich dabei um unbewusste Prozessdynamiken. Deshalb laufen Sätze von BeraterInnen ins Leere, die behaupten, sie seien ins Bündnis gezogen worden. Denn in solchen Aussagen klingt ein subtiler Vorwurf mit, dass dies ein bewusster Akt der Organisation sei. Dies ist mitnichten der Fall! Es passiert einfach aufgrund der Komplexität. Organisationen haben die faszinierende Kraft, externe BeraterInnen – und interne auf andere Art ebenso – in ihrer Kompetenz zu neutralisieren. Der externe Störenfried wird integriert als Teil des Ganzen und so in seiner Beraterpotenz gestutzt. Die ersten systemischen FamilientherapeutInnen wie Sevinni-Palazzoli und andere haben dies sehr bald erkannt und aus diesem Grunde Familientherapien nicht allein durchgeführt. Anfangs saß eine Kollegin oder ein Kollege hinter dem Einwegspiegel und hat den/die therapierende/n KollegIn von dort beratend unterstützt, um der Neutralisierungsdynamik entgegenzuwirken, das heißt, ihn/sie in seiner/ihrer Position als Dritte/n zu stärken. Wenn wir dies schon in so relativ übersichtlichen Systemen wie Familien beobachten können, dann braucht es nicht viel, um sich das bei komplexen Organisationsdynamiken vorzustellen. Eine Konsequenz für unsere Beratungstätigkeit aus dieser Erkenntnis könnte lauten: »Berate nie allein.« Übersetzt heißt das zum Beispiel, gut in einem Team von KollegInnen integriert zu sein, in dem man seine Fälle vertrauensvoll besprechen kann und sich unterstützt fühlt. Wenn das gelingt, nimmt man seine KollegInnen sozusagen symbolisch mit in die Beratung.

Als meinen Schutz gegen »Kopfkino« habe ich folgende

Formel für mich gefunden und praktiziere sie seit Jahren relativ erfolgreich: Meine eigene konstante Intervisionsgruppe ist meine Clearingstelle, hier kann ich frei und ohne Scham- und Schuldgefühle über Dinge sprechen, die für mich schwierig waren und (vermeintlich) schiefgegangen sind. Diesen Container zu haben hilft mir, die unangenehmen Gefühle des Nicht-Wissens, des unglücklich Gelaufenen oder (seltener) des Scheiterns dahingehend zu klären, was meine Beteiligung dabei sein könnte und welchen Anteil die Dynamik der Organisation dabei haben könnte, das es so kam, wie es kam. Für jeden Beratungsprozess ist es nach meinen Erfahrungen eine Einschränkung, wenn ich mit dem Gefühl belastet bin, einen Fehler gemacht zu haben, und den in meinem Schubfach »Schuldgefühl« abzulegen. Hilfreicher und prozessfördernder ist es, diese Dinge vorab in der Intervisionsgruppe zu besprechen. In jeder Beratung geht es ja salopp gesagt darum, etwas Festgefahrenes in Bewegung zu bringen oder Neues auszuloten. Und der beste Weg dahin ist, dass ich als BeraterIn mich frei bewegen kann, meine Impulse, Wünsche, Ängste und dergleichen spüre und meine Bewegungslust nicht durch Schuldgefühle oder Ängste eingeschränkt ist. Das ist freilich zuerst ein intrapsychischer Vorgang. Das Spüren der inneren Bewegungslust und Bewegungsangst eröffnet neue Wahrnehmungs- und meist auch Handlungsdimensionen.

Bündnisse in Organisationen sind also das tägliche Los der Beraterin und des Beraters. Eine neutrale abgehobene Position gibt es nur als künstlich gezogene Schutzgrenze. In jeder Organisation wird der/die Externe verführt oder manchmal auch durch direkten oder indirekten Druck dazu bewegt, für ein Teilsystem Partei gegen ein anderes zu ergreifen. Für die Supervision habe ich die Bündnisgefährdung unter dem Stichwort »Leiterspiel« beschrieben (Pühl 2017, S. 59f.). Bei organisatorischen Konfliktdynamiken wird dem/der BeraterIn zuerst die Position des Schlichters oder der parteiischen Richterin angeboten. Hier liegt eine gefährliche Klippe für den Beratungsprozess. Fällt der/die

BeraterIn beispielsweise auf die Uneinigkeit in einem Team oder zwischen Team und Leitung herein und versucht, die offensichtlichen Konflikte zu schlichten, macht er/sie sich selbst zum/zur MitspielerIn des unbewussten Institutionsprozesses und wird ebenso Gefangene/r der Verstrickungen und Verzerrungen. Das heißt aber auch, dass der/die BeraterIn sich damit in eine Situation begibt, die die eigene Biografie zwangsläufig mobilisiert. Der Rettungsversuch aus diesem Dilemma über einen Allparteilichkeitsanspruch, die Neutralität oder die Abstinenz erweist sich bei genauerer Betrachtung meist als hilfloser Versuch, die innere Beteiligung abzuwehren. Diese beraterischen Ich-Ideal-Ansprüche, sich nicht zu verwickeln, sollen verhindern helfen, dass man keine Partei oder kein organisationelles Subsystem gegen das andere unterstützt. Dem liegt die Fantasie des Beraters oder der Beraterin zugrunde, er/sie könne es allen beteiligten Parteien recht machen. Die Folge davon ist, dass in diesen Fantasien das Spannungsdreieck *Teamleitung – SupervisorIn* zu einem »Zweieck« zusammenbricht (vgl. Bauriedl 1994, S. 205). Jeweils zwei Ecken fallen durch die Identifikation des Beraters oder der Beraterin mit dem Team oder der Leitung zusammen, weil der/die BeraterIn unbewusst die Position der Ersatzpartnerschaft eingegangen ist. Den Begriff der Ersatzpartnerschaft habe ich von Bauriedl übernommen, er bedeutet, sich mit einer Seite identifikatorisch zu verbünden. Diese Sichtweise ist in ihrem Konzept zentral und lässt sich meines Erachtens auf organisationelle Supervision, Coaching und Beratung übertragen. Die unbewusste Bereitschaft des Beraters/der Beraterin zur Ersatzpartnerschaft hat ihrer Meinung nach – wie beschrieben –ihre Ursache in der eigenen Biografie. Sehr treffend bringt Jürgen Grieser (2011, S. 354) die Dynamik der BeraterInnenposition auf den Punkt, indem er sich auf den systemischen Familientherapeuten Arnold Retzer bezieht:

> »Das Klientensystem tendiert dazu, den Supervisor in die Position des eingeschlossenen oder ausgeschlossenen Dritten zu

> bringen, ihn als stabilisierenden, keine Veränderung bewirkenden Dritten in das System einzubauen oder ihn als stabilisierenden, keine Veränderung bewirkenden äußeren Feind gemeinsam zu bekämpfenden. Der Berater bringt sich verstärkt in diese Gefahr, wenn er zu wissen meint, wer gut und böse ist, wenn er sich unter Druck setzt, unbedingt bei seinen Klienten etwas zu verändern, bestimmte Dinge bewirken oder verhindern zu wollen, und wenn er sich zu sehr von den vorherrschenden Emotionen anstecken lässt.«

Hält der/die BeraterIn die ihm entgegengebrachten Vorbehalte nicht aus und folgt den eigenen Wünschen nach narzisstischer Anerkennung, unterstützt er/sie unbewusst eine Seite des abgewehrten Konfliktes. Dann sind die Konflikte nicht mehr als ein komplexer, dialektischer Prozess zu bearbeiten. Die Übernahme einer solch parteilichen Position geschieht klassischerweise in der angebotenen Rolle einer Super-Leitungsperson.

Diese angebotene Rolle der gütigen Leitung mag dem/der BeraterIn sogar schmeicheln. Vermutlich kommt sie gar seiner/ihrer unbewussten Motivation für diese Arbeit entgegen. Ich denke oft, dass man den Beruf als externe/r BeraterIn ergreift, weil man eigentlich eine Leitungsrolle sucht, die damit verbundene Verantwortung und negativen Projektionen und Übertragungen aber scheut. Hinter dem/der BeraterIn als LeiterIn seines/ihres Beratungsprozesses stehen immer die organisatorischen Leitungspersonen.

Ein weiterer kritischer Punkt in der Kontaktaufnahme ist die Frage, wie viel Zeit sich beide Seiten nehmen, den Auftrag zu klären. Es gilt, die oft widersprüchlichen Wünsche zusammen zu bringen. Die Klientel hat es in der Regel eilig. Wenn es um Teamthemen geht, ist meistens schon einiges aufgelaufen, was die Zusammenarbeit erschwert. Der/Die BeraterIn versucht das Tempo herauszunehmen, um nicht vorschnell nach dem erstbesten Thema zu greifen, das sich vielleicht als Sackgasse erweist und in der Folge nur zu Frustrationen führt. Unser Motto »Lass dir Zeit, wenn du es eilig hast«, ist nicht immer vermittelbar. Früher sprachen wir davon, drei bis fünf Sitzungen zu sondieren, um das Thema zu fokussieren und zu überprüfen, ob wir die systemrelevanten Personen am Tisch haben und ob Supervision die geeignete Methode für die Bearbeitung des Anliegens ist. Das war gut gemeint, ließ sich aber nicht vermitteln, da die KundInnen den Eindruck gewannen, dass sie in Sondierungssitzungen nicht richtig arbeiteten und nichts taten, außer auf den eigentlichen Beginn zu warten. Um unserem Motto aus Überzeugung treu zu bleiben, schlagen wir nun im Erstgespräch – in der als »Infogespräch« bezeichneten ersten Sitzung – weiterhin drei bis fünf Sitzungen vor, um danach zu schauen, ob und wie wir weiterarbeiten. Dazu geben wir noch den Hinweis, dass dieses Zeitfenster auch die Chance bietet, gemeinsam zu sehen, ob eine gedeihliche Zusammenarbeit entsteht hinsichtlich Auftrag und Setting. Das eröffnet auch die Möglichkeit, nachzujustieren und – falls noch nicht geschehen – den Kontakt zur Leitung aufzunehmen.

Über die Kunst des Loslassens

Wir schreiben das Jahr 1957, mein zehnter Geburtstag im November ist in ungefähr einer Woche. Ich liege im Bett meines Vaters und seiner zweiten Frau. Wie so oft in dieser moorigen Gegend des Ammerlandes bin ich erkältet und fiebere leicht. Neben mir liegt mein kranker Vater. Endlich kann ich ihm mal nah sein. Wir beide sind krank. Werde ich bis zu meinem Geburtstag wieder gesund sein? Keine Frage. Mein Vater doch wohl auch. Meine Gedanken sind klar, wenn ich wieder gesund bin, muss er auch wieder gesund sein. Er liegt aber weiterhin krank im Bett, muss danach sogar für einige Zeit ins Krankenhaus, kommt aber über Weihnachten wieder nach Hause. Die unbestimmten Gedanken bleiben. Warum bin ich gesund und er noch krank, warum darf ich wieder raus und er nicht, bin ich vielleicht gar nicht gesund?

Im Januar besuche ich ihn mit meiner Stiefmutter in Oldenburg im Krankenhaus. Wie ich erst viele Jahre später von meiner Mutter erfahre, ist es dasselbe Krankenhaus in dem ich geboren wurde. Er kann nicht mehr sprechen, nur ein unverständliches Röcheln gelingt ihm. Ich traue mich nicht zu fragen, was er hat. Er schenkt mir eine Armbanduhr. Die erste Uhr meines Lebens, ein so großes Geschenk einfach so, mitten im Jahr. Eine Ankeruhr mit 17 Steinen. Das war für mich ein Geschenk von ehrfurchterregender Größe und war sicherlich etwas Einmaliges. Ich trug sie mindestens die nächsten 20 Jahre voller Wertschätzung.

Eines Tages im Februar kommt meine Stiefmutter mit schwarzen Strümpfen ins Esszimmer. Meine spontane Frage: »Ist jemand gestorben?« So viel wusste ich immerhin trotz meiner unbedarften Ländlichkeit schon: Schwarze Strümpfe haben etwas mit Tod zu tun. Ja, Vati ist heute gestorben. Ich sage nichts dazu. Drei Tage später holt uns sein Chauffeur ab und wir fahren nach Oldenburg zu seiner Beerdigung. Meine beiden kleinen Brüder bleiben zu Hause. Da liegt er im offenen Sarg direkt vor uns. Der Raum ist voller Menschen, die ich nicht kenne. Es werden wichtige Worte gesprochen, die ich nicht verstehe. Einmal werden seine Söhne erwähnt, die er so liebte. Ach so. Meine Stiefmutter und ich werden zuerst zur Tür begleitet. Ich will rausgehen. Aber dann kommen so viele Menschen, die uns die Hand schütteln und etwas murmeln und mir zu gratulieren scheinen. Ich wundere mich darüber nicht. Eher bin ich überrascht, woher all die vielen Menschen wissen, dass der Tod meines Vaters die Tür zur Rückkehr zu meiner Mutter eröffnen könnte. Das war in diesem Moment meine Hoffnung.

Meine Stiefmutter traute ich mich nicht zu fragen, warum und wozu uns all die Leute beglückwünscht hatten. Aber es war so feierlich, wie ich es nur von Geburtstagen kannte. Es hat lange gedauert, bis ich das Vorgefallene verstanden habe. Irgendwie passten die Glückwünsche aber auch.

Es vergingen viele Jahre, bis sich die absurde Situation für mich auflöste. Anlass war die Beerdigung eines Klassenkameraden, an der ich teilnahm und die Traurigkeit des Anlasses selbst spürte. Der Mitschüler war beim Baden von einer Schleuse gesprungen und ertrunken. Tief in mir gibt es immer noch ein Restgefühl, dass der Tod etwas Befreiendes haben kann und damit mehr Grund zur Freude als zur Trauer besteht. Wenn ich darüber so spreche, beschleicht mich immer ein leichtes Schamgefühl und ich befürchte bis zum heutigen Tag entsetzte Reaktionen. Bis jetzt sind sie ausgeblieben.

Der Tod kann auch etwas Befreiendes haben. Mein Vater war von seinen Schmerzen erlöst und ich von ihm. Lieber wollte ich bei meiner Mutter wohnen. Nun war ich aber allein mit den beiden Brüdern und der Stiefmutter. Die Stimmung im Haus war gedrückt und bedrückend. Gesprochen wurde nur das Nötigste. Mehr konnte ich auch nicht ertragen. Würde sich meine Mutter bei mir melden und mich aus diesem Gefängnis befreien? Es geschah nichts. Sie hatte gar nicht erfahren, dass ihr Exmann verstorben war. Als eines Tages meine Stiefmutter nicht im Hause war, schlich ich mich ans Telefon und rief meine Mutter an. Ihre Nummer hatte ich im Kopf. Schreiben konnte ich ja nicht, wo sollte ich die Briefmarken herbekommen und den Briefumschlag? Sie war gleich am Telefon: »Mutti, Vati ist gestorben, ich will zu dir, hol mich hier raus!« Sie versprach es. Meine Aufregung hielt noch lange an. Ich hatte zwar kein richtig schlechtes Gewissen, aber wohl war mir bei der heimlichen Aktion auch nicht. Ich mied den Kontakt zu »ihr«, meiner Stiefmutter, nun noch stärker. Es dauerte nicht lange und meine Stiefmutter sagte beim Essen, dass ein Brief vom Anwalt gekommen ist, weil ich zu meiner Mutter ziehen will. »Warum eigentlich?« fragte sie. »Weil man in Bremen so schön mit der Straßenbahn fahren kann«, war meine spontane Antwort. Gut, dass mir das so schnell eingefallen war. Etwas anderes mochte ich auch nicht sagen und sie bohrte nicht nach. So zog ich nach einer Weile zusammen mit meinem jüngeren Bruder zu meiner Mutter nach Bremen. Für meinen zurückgebliebenen Halbbruder, er war nur zwei Jahre jünger als mein Bruder, war es vermutlich die schwerste Trennung und nach dem plötzlichen Tod unseres Vaters auch ein Trauma. Er ist als Erwachsener keine feste

Beziehung eingegangen. Auch meine Stiefmutter nicht. Die beiden lebten noch viele Jahre zusammen im Maxwald.

Auf das Thema *Loslassen* stoße ich in letzter Zeit immer wieder. Ich will nicht ausschließen, dass es sich damit verhält wie mit den selbstversteckten Ostereiern. Im Coaching erzählt ein Kunde zum Beispiel, dass er im Moment damit beschäftigt ist, dass sein Sohn nach dem Abitur für ein halbes Jahr nach Neuseeland gegangen ist. Nun ist zu Hause plötzlich alles anders, ungewohnt, ein neuer Lebensabschnitt beginnt für Eltern und Kind. Nicht selten kommen wir dann in der anschließenden Reflexion auf das Thema Loslassen. Freilich ist Loslassen eine Grundeinstellung. Im Coaching erlebe ich eine viel größere Reflexionstiefe als in der Teamberatung. Hier öffnet sich für die subjektive Seite des/der Ratsuchenden ein offeneres Fenster. Manchmal denke ich, dass es auch ein guter Weg ist, sich mit bestimmten Persönlichkeitsanteilen zu versöhnen anstatt ständig mit ihnen zu hadern. Versöhnen meint in diesem Zusammenhang, die ungeliebten Anteile als zur Person dazugehörig anzunehmen. Mir geht es zum Beispiel so, dass ich mir Namen schwer merken kann beziehungsweise eine längere Zeit dazu benötige. Deshalb benenne ich dies in neuen Gruppen gleich zu Beginn und bitte die Teilnehmenden, Namensschilder auszustellen. Das entlastet mich und macht mich frei für den Prozess – und die Wirkung bei den anderen ist meist positiv.

Aktualität hat der Begriff des Loslassens auch durch die breite Rezeption der buddhistischen Weisheitslehre bekommen. Da ist von Anhaftung die Rede. Also dem genauen Gegenteil. Aus dem Wunsch, Angenehmes zu behalten beziehungsweise Gewohntes beizubehalten und Unangenehmes und Ungewohntes zu vermeiden, entsteht das Festhalten. Der Begriff der Anhaftung zeigt für mich sehr viel plastischer, um was es geht. Die Anhaftungen sind regelrecht körperlich spürbar. Ich empfinde leiblich, wie ich mich an Vorstellungen und Erwartungen festgesogen habe und diese nun als Last an mir ziehen und Bewegung und Veränderung erschweren. Ein einfaches *Nur-mal-Loslassen* verniedlicht den Prozess des sich Lösens von Vorstellungen, Einstellungen und dergleichen. »[D]ie Wurzeln des Leidens sind Erwartungen und Anhaftungen. Wenn wir also stark an unseren Erwartungen hängen, werden wir auch häufig frustriert sein und anfällig für Depression und Burnout« (Glassman 2012, S. 384). »Lass mal los« ist ebenso ein Paradox wie »sei mal spontan«.

Leben ist aber fortdauernde Veränderung. »Jeder Versuch, diesen Fluss zu verlangsamen, umzuleiten, anzuhalten oder zu negieren, muss unweigerlich zu Leiden führen« (Zwiebel & Weischede 2015, S. 53). Anhaftung bedeutet demnach nichts anderes als Festhalten. »Festhalten ist das zentrale Mittel, die Angst vor Veränderung zu bewältigen und aus diesem Grunde ist das Loslassen so enorm schwierig« (ebd., S. 54). Ein treffendes Bild dazu sind die geschlossenen Hände, die sich gegenseitig umklammern. Neues kann nur da entstehen, wo ich die Hände öffne, um Neues empfangen zu können. Reflexion ist letztlich nichts anderes, als sich zu öffnen für Neues und auch Unangenehmes. Ein Sich-berühren-Lassen von dem, was einem persönlich bedeutsam ist.

Auch bei Otto Scharmer (2015) finde ich dieses Thema. Seine Vorstellung von der »Theorie U« (2015) fußt zentral auf der Idee, dass Zukunft erst dann sinnvoll gestaltet werden kann, wenn »wir Denken, Herz und Willen öffnen« (ebd., S. 38). Nach Scharmer geht Veränderung, und das heißt auch Loslassen der Muster und Erfahrungen der Vergangenheit, nur durch »Gegenwärtigkeit« (Presencing). Halten wir den Druck unseres Klientels nach schnellen Lösungen nicht liebevoll stand, entgeht uns der Schatz einer tieferen Erkenntnis wie in der Theorie U beschrieben.

> »In dem Augenblick, in dem wir den Punkt des Zusammenbruchs erreichen, haben wir eine Wahl: Wir können erstarren und zu den tief verankerten Gewohnheiten der Vergangenheit zurückkehren, oder wir können innehalten und uns in den Raum des Unbekann-

ten hineinlehnen, in das, was entstehen möchte« (Scharmer & Käufer 2014, S. 44f.).

Gelingt dies nicht kommt es zum »Absencing«, indem, statt auf den inneren Raum der Leere zu reagieren, das Altvertraute heruntergeladen wird, das »etwa folgendermaßen aussieht: Verleugnung, Abstumpfung, Abwesendwerden, Täuschung, Zerstörung und (letztendlich) Selbstzerstörung.« Dann wird aus dem *Denken öffnen* Polarisierung und Fundamentalismus, aus dem *Herz öffnen* Hass und aus dem *Wollen* Depression.

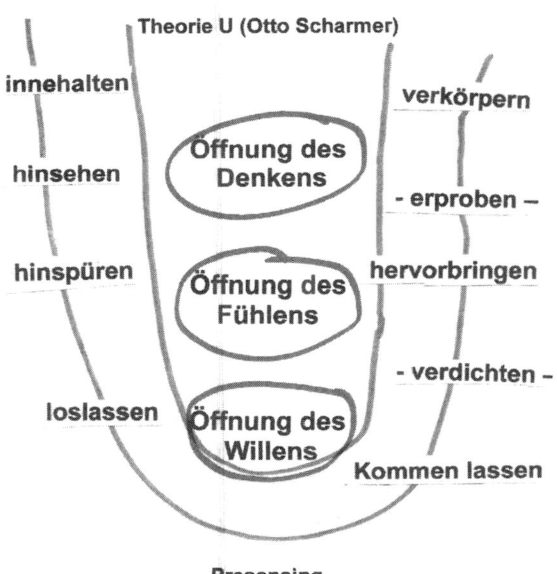

Abbildung 7: Theorie U (Otto Scharmer)

Und weil es so schwierig ist, loszulassen und präsent zu sein, beginne ich meine Team- und Coachingsitzungen fast immer mit drei Minuten Stille. Auf diese Idee bin ich durch das Buch *Reinventing Organizations* (Laloux 2014) gekommen. Dort wird eine psychosomatische Klinik beschrieben, die ihre Teamsitzungen immer mit fünf Minuten Stille beginnen. Dies ist eine gute Möglichkeit, um vom hektischen Alltag in einen entspannteren Zustand zu gelangen. Entspannung und Präsenz sind die Zauberformel zum Loslassen, zumindest ein bisschen, und ebenso zum Öffnen für das Neue. Entspannung und Präsenz genzen den Außenraum symbolisch ab und öffnen damit den Innenraum, den ich oben als Möglichkeitsraum beschrieben habe. Als ich die Stillephase das erste Mal in einer Teamsupervision vorgeschlagen habe, bedurfte es noch etwas Mut. Doch die durchweg positiven Resonanzen haben mich bestärkt, das fortzusetzen.

> Nach dem Umzug nach Bremen wohnten wir zuerst bei meiner Oma, da sie eine größere Wohnung hatte. Plötzlich gab es Kinder auf der Straße, mit denen man Roller fahren konnte. Sie waren einfach da, ich brauchte nicht erst durch den Wald und die Wiesen zu stampfen, um zum einzigen Jungen in der Nähe zu gelangen. Welch ein Luxus in der Stadt! Am schönsten waren die Herbsttage, wenn es früher dunkel wurde, dann spielten wir Verstecken und machten Klingelstreiche. Besonders ein Haus hatte es uns angetan und dort ein Bewohner aus der vierten Etage. Anfangs klingelten wir nur ein- bis zweimal, dann schaute ein Mann aus dem Fenster und schimpfte fürchterlich. Das hätte er nicht tun sollen, denn er ermunterte uns, unsere Streiche zu kultivieren. Jeden Abend dasselbe Ritual. Klingeln und sich hinter einer dicken Hecke verstecken und warten, dass er wieder losbrüllt. Wir konnten uns darauf verlassen. Und weil es so schön war, steigerten wir die Dosis langsam, bis wir auf die Idee kamen, ihm eine Nadel in die Klingel zu klemmen, sodass es nicht mehr aufhörte zu klingeln und dieser uns unbekannte Mann die vier Treppen runterkom-

men musste, um die Nadel zu entfernen. Wir fühlten uns hinter der Hecke absolut sicher, nun sahen wir unser Opfer das erste Mal. Der Mann wirkte schon älter, ich glaube, jetzt tat er uns ein bisschen leid. Wir stellten unser Schelmenritual umgehend ein.

Doch diese neuen Seiten der Großstadt sollten bald ihre Schattenseiten offenbaren. Die Beziehung zu meiner Mutter entwickelte sich für mich überraschend zu einem echten Drama. Nicht nur, dass sie meinen vier Jahre jüngeren Bruder ablehnte und dabei auch vor Gewalt nicht zurückschreckte, ich geriet immer mehr in eine Ersatzpartnerrolle. Seit der Scheidung hatte meine Mutter keine feste Beziehung mehr, ich war ihr »Ein und Alles«. Sicherlich hat dies meinem Ego auch geschmeichelt. Gleichzeitig hat es mir aber Schuldgefühle meinem kleinen Bruder gegenüber bereitet, da ich scheinbar auf der Sonnenseite und er auf der Schattenseite stand. Dabei war er es, der bis dahin meine längste stabile Bezugsperson war. Zumindest in der Anfangszeit nach dem Tode meines Vaters liebte ich meine Mutter. Der Groll, dass sie mich mit vier Jahren alleingelassen hatte, war überdeckt durch die Freude, endlich wieder bei ihr sein zu können. Doch dann nahm das Drama seinen Lauf. Die Gewaltexzesse gegenüber meinem Bruder steigerten sich von Jahr zu Jahr. Seine Schreie höre ich heute noch. Ebenso spüre ich meine Hilfslosigkeit und meine Schuldgefühle, nicht dazwischen gegangen zu sein, um ihn zu schützen.

Bauriedl (1994, S. 205) sieht den Weg aus der Zwickmühle der Ersatzpartnerschaft und Bündnisbildung darin, dass *der/die BeraterIn* den »Winkel halten« muss. Damit meint sie, dass man sich bewusstmachen muss, dass der/die BeraterIn mit dem einen und der anderen PartnerIn einen eigenständigen Kontakt haben darf. Beide Beziehungen schließen sich nicht aus, und die Kontaktaufnahme zu einer Seite bedeutet nicht automatisch ein Bündnis gegen die andere Seite. Ich weiß, wie schwer das in organisationellen Beratungen zu bewerkstelligen, wie schwer das Dreieck zu halten ist. Die Bewegung von der einen Seite zur anderen, vom Team zur Leitung oder umgekehrt, geht schnell mit Gefühlen einher, die andere Seite zu verraten. Das Misstrauen der Partei, von der man sich wegbewegt, schürt eigene Schuldgefühle und man fühlt sich bewegungslos und eingeschlossen. Aus diesen Erfahrungen kann ich Bauriedl nur zustimmen, wenn sie sagt, dass sich beide Parteien nur dann bewegen können, wenn ich mich als BeraterIn auch bewege, wenn ich mich und meine Impulse, Wünsche, Ängste und dergleichen spüre, wenn ich meine Bewegungslust nicht aus Schuldgefühlen oder Ängsten, als VerräterIn bezeichnet zu werden, unterdrücke. Bauriedl nennt das den eigenen Innenraum ausfüllen, was freilich zuerst ein intrapsychischer Vorgang ist. Das Spüren der inneren Bewegungslust und Bewegungsangst eröffnet neue Wahrnehmungs- und meist auch Handlungsdimensionen.

Aus eigener Erfahrung weiß ich, dass dies leichter gesagt als getan ist. Besonders wenn die organisatorischen Strukturen sehr verhärtet sind, fällt die Begegnung mit beiden Seiten sehr schwer.

> Ich habe es zum Beispiel bei der Supervision eines therapeutischen Krankenhausteams erlebt. Es handelte sich dabei um eine Abteilung, auf der SchlaganfallpatientInnen behandelt wurden. Neben der körperlichen Gesundung stand besonders die Frage im Vordergrund, was mit den PatientInnen nach der Entlassung geschieht. Da es sich meist um Pflegefälle handelte war die Frage, ob sie von ihrem Partner oder ihrer Partnerin gepflegt werden können, oder ob sie in einem Heim untergebracht werden müssen. Zwischen dem therapeutischen Team und der Chefärztin gab es große Konflikte. Diese machten sich unter anderem an ihrem Führungsstil fest, aber auch an ihrer therapeutischen Haltung. Sie war naturwissenschaftlich-medizinisch orientiert, während sich die behandelnden Assistenzärzte und -ärztinnen

in der Konfrontation mit den Angehörigen stark mit deren Paarbeziehungen auseinandersetzen mussten. Diese Konflikte mit der Chefärztin waren bekannt und konnten auch in einer vorangegangenen Organisationsberatung nicht aufgelöst werden. Mir signalisierte das Team sehr deutlich seine ablehnende Haltung gegenüber der Chefärztin.

Obwohl es auch damals schon zu meinen Standards gehörte, immer den Dreieckskontrakt mit der Leitung herzustellen, war es in diesem Fall nicht gleich möglich. Die Chefärztin war neu in der Klinik und die Vermittlung des Honorarvertrages geschah anonym über die Fortbildungsabteilung. Als ich den Ärztinnen und Ärzten sagte, dass das Gespräch mit ihrer Chefärztin zu meinen Standards gehört, gab es unüberhörbare Signale in der Richtung, dass die Chefin sie nicht verstehen würde, weil sie aus einer naturwissenschaftlich-orientierten Fachrichtung käme und kein Verständnis für ihre schwere Arbeit hätte.

Wie nie zuvor in vergleichbaren Situationen spürte ich deutlich Verratsgefühle bei der Vorstellung, mit der Chefin Kontakt aufzunehmen. Ich blieb zwar bei meiner verbalen Haltung, fand aber nach jeder Sitzung in der Klinik »gute« Gründe, den Kontakt nicht zu suchen. Mal fühlte ich mich zu müde, mal hatte ich Glück und die Chefärztin war auf einer Dienstreise. So blieb es während der gesamten Zeit der Supervision. Ich verriet die ÄrztInnen nicht! Erst nach Abschluss der vereinbarten zehn Sitzungen kam der Kontakt mit der Chefärztin zustande, und ich muss zugeben, dass die ÄrztInnen Recht hatten. Sie sagte, dass ich ja wohl gemerkt hätte, dass alle inkompetent seien, deshalb habe sie deren Verträge auch nicht verlängert.

Ich muss zum Verständnis nachtragen, dass wir Fall-Supervision vereinbart hatten, da die organisatorischen Konflikte als zu schwierig angesehen wurden. Vermutlich hätte der frühere Kontakt zur Chefärztin den Konflikt nicht verhindert. Aber ich wäre in der Lage gewesen, mein Bündnis nicht eindimensional zu gestalten, wäre vielleicht offener gewesen und hätte mit der Chefärztin meine Arbeitsbedingungen und -vorstellungen klarer aushandeln können.

Ich bin für diese Erfahrung nachträglich dankbar, denn in dieser Schlüsselsituation habe ich am eigenen Leib erleben können, wie sich die Parteilichkeit mit dem Team bei mir durch Schuld- und Verratsgefühle äußert. Das Gefühl, mich vom ÄrztInnenteam innerlich – und real – nicht wegbewegen zu können, war mit Schuld- und Verratsgefühlen verbunden und ist inzwischen für mich zu einem sicheren Indikator für Gebundenheit geworden. Ich könnte es noch deutlicher sagen: Ich bin nicht frei. Nun könnte man denken, dass die ÄrztInnen mir diese Freiheit hätten geben können oder gar müssen. Das ist aber eine Umkehr der Verantwortung. Nur ich selbst kann mir die innere Freiheit und Bewegungslust geben (vgl. Pühl 2016). Es ist allemal ein intrapsychischer Vorgang.

Sehr plastisch habe ich die Wirkung der Transparenzformel und den Gewinn der inneren Freiheit in einer neu eröffneten Suchtklinik erlebt. Der Chefarzt war Absolvent unserer Supervisionsausbildung und fragte mich, ob ich die Teamsupervision seiner drei Stationen übernehmen könne, und zwar zum Zwecke der Verbesserung der Leitungsstruktur und der Rollenfindung der MitarbeiterInnen. Es handelte sich um eine verordnete Supervision. Der Auftrag war ebenso vorab mit den Teamleitungen abgesprochen, dennoch bat ich den Chefarzt, jeweils in die erste Sitzung mitzukommen, um sowohl den Auftrag nochmal zu veröffentlichen als auch unsere alte Arbeitsbeziehung zu benennen. Wir versicherten den Beteiligten, dass persönliche Dinge im Team bleiben und strukturelle Rückmeldungen und Auswertungen vorher besprochen würden.

Bewegungslust in Präsenz

Nicht zuletzt aufgrund der oben geschilderten Erfahrung schließe ich keinen Teamsupervisionskontrakt mehr ab, wenn die für das Team Verantwortlichen nicht konkret einbezogen werden. Das geschieht in der Regel in der Sondierungsphase und in periodischen Auswertungsgesprächen zusammen mit Team, Leitung und BeraterIn. Seit ich in dieser Haltung sicherer bin, mache ich ganz überwiegend positive Erfahrungen, auch wenn sowohl Team als auch Leitung oftmals verwundert bis befremdet auf meinen Vorschlag reagieren. Im Ergebnis ist die gerade bei Teamsupervisionen oft nicht anwesende Leitung erleichtert, weil sie durch die Transparenz ihr Misstrauen abbauen kann, was sich denn da hinter ihrem Rücken abspielt, und sie sich nicht als die oder der Ausgeschlossene fühlt. Für mich ist dabei wichtig, dass der Leitung dadurch auch szenisch signalisiert wird, dass sie die organisationelle Verantwortung für das Team hat und diese nicht an den/die SupervisorIn abgeben kann. Der/Die BeraterIn seiner- beziehungsweise ihrerseits wird in seinen/ihren Omnipotenzfantasien begrenzt, die heimliche und bessere Leitungsperson sein zu wollen. Die Teammitglieder erfahren in diesen Gesprächen, in denen der/die organisationell Verantwortliche seine/ihre Vorstellungen von der Supervision definiert, oftmals erstmalig erstaunlich klare Stellungnahmen ihrer Leitung. Häufig deutlicher als zuvor werden Grenzen und Freiräume für das Team abgesteckt. Durch die Anwesenheit des Supervisors oder der Supervisorin erhalten sie eine größere Verbindlichkeit und Öffentlichkeit. Das

Team hat eher die Möglichkeit, für sich zu untersuchen, wie es die Freiräume nutzen will und wie es sich mit den Begrenzungen auseinandersetzt.

SupervisionskollegInnen die sich eher mit therapeutischen Settings identifizieren, fragen mich immer wieder, ob es nicht reichen würde, wenn ich das dynamische Geschehen für mich reflektieren würde, so wie sie es doch auch in ihren Therapien machen. Dort müssen sie ihren versteckten Bündnissen mit dem/der PartnerIn, den Eltern oder dem/der KlientIn auch auf die Spur kommen. Weiter argumentieren sie, dass mein konkreter Einbezug des Teamverantwortlichen doch einem Agieren gleichkäme. Meine Antwort darauf lautet: Da wir es in der Teamsupervision immer mit zwei sehr konkreten AuftraggeberInnen zu tun haben – Team und Organisation –, sollte der/die BeraterIn dies durch sein Vorgehen sichtbar machen. Er muss auch die Ambivalenz aushalten, die sich aus widersprüchlichen Erwartungen ergibt. Dass dies nicht immer gelingt, zeigt folgender Fall:

> Auf Empfehlung einer Beratungsstelle, für die ich eine Organisationsberatung durchgeführt habe, fragt eine ebensolche Einrichtung in einem anderen Stadtteil nach. Sie wünschen auch eine solche Beratung, da sich ihr Bereich in den letzten Jahren vergrößert hat und man nun nach neuen Strukturen suchen müsse. Sie würden mich gerne in einem persönlichen Gespräch kennen lernen. Als ich ankomme, werde ich freundlich von einem Mitarbeiter an der Tür empfangen und in den Raum mit den wartenden Kolleginnen und Kollegen geführt. In einem engen, dunklen Zimmer sitzen zwölf Menschen. Die Atmosphäre ist wie der Raum: dunkel, beengt und bedrückend. Ich stelle mich kurz vor, dann meldet sich der Geschäftsführer zu Wort. Man habe an diesem Tag noch weitere BeraterInnen eingeladen und sich eine halbe Stunde Zeit genommen. Ich bin irritiert, denn an solchen Bewerbungsrunden nehme ich nur

noch in Ausnahmefällen teil. In diesem Falle wurde ich von einem alten Kunden empfohlen, mit dem ich mehrere Jahre erfolgreich zusammengearbeitet habe. Selbstredend ging ich davon aus, dass zwischen beiden Einrichtungen Kontakt besteht – beide arbeiteten mit demselben Klientel und sind über ein gemeinsames Netzwerk verbunden – und man sich ausgetauscht habe. Dies schien nicht der Fall zu sein. Also versuchte ich mich auf die Situation einzustellen, spürte dabei aber einen rumorenden Ärger. Nacheinander stellen sich zehn TherapeutInnen vor, ebenso der Geschäftsführer, der Betriebswirt und die Sekretärin. Über ihre Anliegen war nicht mehr zu erfahren als im vorab geführten Telefongespräch. Man suche nach einer neuen Struktur, die es erlaube, mit dem vergrößerten Team reibungslos zu arbeiten. Auf meine Frage, welche Reibungspunkte es denn gebe, kam nur vereinzeltes Murmeln. Schließlich fragte die Sekretärin nach meiner Methode. Meine patzig-trotzige Antwort: »Die Methode ist Organisationsentwicklung.«

Die Frage kam so unvermittelt, dass mein Impuls, diesen dunklen Raum schnell zu verlassen, neue Nahrung bekam. Die abgelaufene Zeit kam dem entgegen. Wieder an der frischen Luft angekommen, konnte ich erstmal wieder durchatmen und spürte die Enge in Brust und Bauch. Auf der Fahrt nach Hause meldete ich der unterdrückte Ärger wieder. Warum habe ich mich nicht getraut, meiner Stimmung Luft zu machen und zu fragen, wie sie eigentlich mit mir und mit sich umgehen? Wie wollten sie in diesem verknappten Sitz- und Zeitarrangement etwas klären, warum durfte kein Kontakt entstehen? Ich dachte, hier habe ich eine Chance aus der Hand gegeben, vielleicht wäre es mir besser gegangen, wenn ich das thematisiert hätte, anstatt brav ihre Fragen zu beantworten wie ein Schüler, der sich den Geboten unwidersprochen unterwirft. Vielleicht hätten sie ihrerseits die Chance gehabt, sich darüber bewusst zu werden, was sie eigentlich erwarten. Mir war schnell klar, dass ich hier so nicht arbeiten kann. Was mag sich wohl in den Herzen und Köpfen der Mitarbeitenden während dieses Marathon-Vorstellungs-Entscheidungs-Vormittags abgespielt haben? Ich konnte mir nicht vorstellen, dass sich das jemand freiwillig antut. Wer hatte die größte Not, die Einrichtung zu lenken und zusammenzuhalten, und wer trug dafür die Verantwortung? Vielleicht war es der Betriebswirt, der hier im Kreise von TherapeutInnen eine Anstellung gefunden hatte, und wie mag es ihm mit seiner Aufgabe ergangen sein? Fragen über Fragen sausten mir durch den Kopf. Die TherapeutInnen arbeiteten nur bedingt als Team zusammen, nach außen hin traten sie als Einrichtung auf, die für ihre Arbeit mit Kindern und Jugendlichen Geld vom Staat erhielt. Von den ausgehandelten Stundensätzen zahlten sie einen festen Prozentsatz an die Einrichtung – in Form eines Vereins – ein. Sie waren beides: selbstständige PsychotherapeutInnen in »eigener Praxis« und gleichzeitig Mitglieder einer Organisation – aber was überwog? Sie saßen so geduckt und teilnahmslos in der zusammengequetschten Runde, dass man sich vorstellen konnte, sie würden jetzt auch lieber etwas anderes machen. Vielleicht beneideten sie mich sogar, dass ich nach einer halben Stunde gehen konnte, während sie noch weitere Vorstellungen absolvieren mussten. Die einzige Steilvorlage kam von der Sekretärin. Sie stellte mir die Frage nach der Methode und zeigte damit als einzige, dass sie gar keine Vorstellung davon hatte, was das Ganze eigentlich sollte. Sie zeigte am deutlichsten, dass die Idee zu einer Organisationsberatung noch gar nicht ausgereift war. Im Nachhinein vermute ich, dass die TherapeutInnen von der geplanten Maßnahme auch noch nicht überzeugt waren. Eine Steilvorlage bot sie insofern, als ich den Ball hätte aufnehmen können, um dies zum Thema zu machen. Die alte BeraterInnenweisheit, dass ohne Kontakt kein Kontrakt zu schließen möglich ist, fand hier ihre Bestätigung. In diesem Falle wäre es sicherlich für alle Beteiligten sinnvoller gewesen, vorab ein Klärungsgespräch mit dem Geschäftsführer zu vereinbaren, um zu sondieren, welche Themen die Einrichtung zurzeit und in Zukunft beschäftigen werden. So aber saßen die Beteiligten wie die Hühner hilflos auf der Stange im dunklen Stall, konnten und wollten sich nicht trennen, schließlich standen ihre Honoraranteile bei der geplanten Maßnahme zur Disposition. Und in der Gegenübertragung verhielt ich mich ähnlich hilflos, indem ich nicht meine Irritation zum Thema machte und so eventuell ins Gespräch gekommen wäre, sondern eine wenig hilfreiche Gegenaggression zum Besten gab, die in der Regel zum Kontaktabbruch führt. Mein Credo vom Mut zur Präsenz hatte hier kläglich versagt.

> »Beratung bedingt zweierlei: eine stabile dyadische Grundsituation – [...] unser Team und der Supervisor – und davon ausgehende Triangulierungsmöglichkeiten. Die dyadische Grundsituation ist nur dann sicher, wenn sie jederzeit triadisch aufgehoben werden kann und in einen triadischen Kontext eingebettet ist. Nur dann kann der Supervisor einen sicheren Rahmen zur Verfügung stellen, in dem sich aus den triangulierenden Bewegungen der Raum der Beratung entwickeln kann« (Grieser 2011, S. 299).

Dem ist nichts hinzuzufügen.

Aus Erfahrungen und Berichten aus Intervisionsgruppen von Kolleginnen und Kollegen wissen wir, dass die Beratungen, die gescheitert sind, unter anderem deshalb gescheitert sind, weil KollegInnen längerfristig aus ihrer *Präsenz* – und damit aus dem Kontakt zu sich und zum Kunden beziehungsweise zur Kundin – ausgestiegen sind und den Prozess so gut es ging laufen ließen. Bezogen auf den Beraterjob kann sich das beispielsweise daran zeigen, dass ein einmal mit dem/der KlientIn eingeschlagener

Weg nicht verlassen wird, obwohl sich die Indizien mehren, dass dies angezeigt wäre. Vielleicht, weil dem/der BeraterIn der Mut fehlt, um eine Veränderung vorzuschlagen, vielleicht, weil der/die BeraterIn selbst die aktive Rolle des Gestalters/der Gestalterin an einer Stelle aufgegeben hat und zum/zur Getriebenen geworden ist. Wenn man sich gelegentlich schlicht und einfach innerlich »abmeldet« und die Dinge laufen lässt, fühlt man sich innerlich beladen und in schlechter, gelähmter Stimmung bei der Arbeit. Dieser Zustand korrespondiert – so Ralf Zwiebel (2007) – sehr stark mit einer großen Entwertung der eigenen Arbeit und des Beratungsformats, das man verkörpert. Im Kern sind wir in diesem Zustand der Nicht-Präsenz der Auffassung, dass wir nichts zu bieten haben und unser Angebot nichts wert ist.

Solche Phänomene des Nicht-Selbst-Gestaltens sieht die Philosophin Rahel Jaeggi (2005, S. 77) bereits als Formen der Entfremdung, denn hier werden Entscheidungen über das eigene Leben aus der Hand gegeben: »Diese mangelnde Präsenz lässt sich demnach auf ein mangelndes Gewahrwerden des ihm [dem Berater, HP] offenstehenden Handlungsspielraums zurückführen.« Vielleicht ist es überhaupt an der Zeit, sich wieder auf Marx und seinen zentralen Begriff der *Entfremdung* zu besinnen, den er von Hegel übernommen hat, aber mit der spezifisch kapitalistischen Produktionsweise verbindet, das heißt der Trennung des Arbeitenden von den Produktionsmitteln. Eine Gesellschaft, in der ein hohes Konsumniveau – oft überflüssiger Dinge – durch entfremdete Arbeit erkauft wird, kann schwerlich ein gutes Leben und Arbeiten hervorbringen. Der erlebte Wirksamkeitsverlust kann dann der Weg in depressives Ausgebranntsein sein. Als Beratende stehen wir nicht außerhalb der gesellschaftlichen Zirkulation, wir sind – ob wir wollen oder nicht – ein Teil der Entfremdungsindustrie, die nicht nur Konsumbedürfnisse ständig neu weckt, sondern ebenso vielversprechende Beratungsmethoden mit einem dazugehörigen expandierenden Seminar- und Fortbildungsbetrieb hervorgebracht hat und immer wieder neu erfindet.

Konjunktur haben im Moment agile Verfahren, die eine Enthierarchisierung versprechen und gleichzeitig Verantwortungen an die Mitarbeitenden delegieren – ein Versuch, dem Wirksamkeitsverlust entgegenzuwirken. Ob diese Entwicklung Früchte trägt, ist noch offen, sie kann auch ein Weg in depressives Ausgebranntsein sein, weil verlässliche Anbindungen für das soziale Wesen Mensch noch fragiler werden.

Freilich kann kein/e BeraterIn die notwendige Präsenz und den damit verbundenen Mut ständig aus sich selbst heraus generieren, auch wenn das dem bürgerlichen Ideal der autonomen reifen Persönlichkeit entsprechen mag. Eine Chance, diesem Ideal dennoch näherzukommen, sehe ich nur in einer vertrauensvollen Intervisions- und KollegInnengruppe. Hier ist ein Ort des Auftankens, Klärens und Energiegewinnens. Hier ist auch der Ort, Ängste zuzulassen beziehungsweise erstmal zu spüren. Es ist ebenso der Ort, sich seiner Grenzen bewusst zu werden und Ungewissheit als kollektives Lebensgefühl zu akzeptieren. Denn in Teams und Gruppen kann kein/e BeraterIn wirklich tiefenscharf wissen, welche Themen unter der Oberfläche wirklich verhandelt werden, die die Gruppe als Ganzes und die Einzelnen bewegen, und was sich hinter den Aussagen und Aktionen der Beteiligten verbirgt. Es bleibt immer auch ein Anteil des gegenseitigen Missverstehens und des Unbewussten.

Früher habe ich versucht, mit Hilfe gruppenanalytischer Konzepte Hypothesen über das aktuelle Gruppengeschehen zu entwickeln. Sicherlich eine interessante Theorie, die aber letztlich, wie alle Methoden und Theorien, auch der Angstbewältigung dienen kann. So behält man als BeraterIn wenigstens den Kopf über Wasser, was ja im Zweifelsfall auch nicht schlecht ist. Ob es den Prozess konstruktiv voranbringt, steht dann auf einem anderen Blatt.

Auch unsere »Diagnosen« sind Spielarten der Verwicklung. Es werden einem immer wieder Köder zugeworfen, an denen man sich verschlucken kann, sprich, die zur unproduktiven Einengung unseres Spielraums einladen. Die Kunst in vielen – nicht allen – dieser Situationen ist es, bei sich zu bleiben und durchzuatmen.

Um arbeitsfähig zu bleiben, bedarf es immer wieder einer gehörigen Portion Mut, um die Präsenz aufrechtzuerhalten. Und die Energiequelle für den Mut ist das nötige Maß an konstruktiver Aggression. Ich weiß um die riskante Wortwahl, da Aggression meistens in ihrer negativen Konnotation gesehen und erlebt wird. Im eigentlichen Wortsinn bedeutet *aggredi* heranschreiten, sich nähern, und bildet somit die Basis für Kontakt überhaupt. Wenn ich Mut und aggredi als Einheit sehe, dann aus der Erfahrung, dass es gerade in unklaren, diffusen, angstvollen, beschämenden Situationen einer Menge davon bedarf, um mit sich und den Ratsuchenden in Kontakt zu kommen und zu bleiben (vgl. Pühl 2017). Gelingt das nicht, kann das passieren was Zwiebel (2007) als innerliches Abschalten beschreibt.

Einen bewährten Zugang, auf intuitive Weise mit dem Gegenüber in einen resonanten Kontakt zu treten, habe ich schon vor Jahren bei Anneliese Heigl (1978) gefunden: Sie spricht vom »Prinzip Antwort«. In meiner Praxis handhabe ich dies als Frage an mich: »Welche Gefühle löst eine aktuelle Situation bei mir aus, welcher Film läuft in mir?« Diesen Film kann ich den KlientInnen als Bild zur Verfügung stellen, ohne zu denken, dass es deren jeweilige Situation exakt trifft. Es ist immer nur ein Angebot. Je besser es mir gelingt, nahe an meinen Empfindungen zu sein, desto leichter fällt es den Beteiligten, ihrerseits einen Zugang zu ihrem Unbewussten zu finden. Für mich hat sich diese Intervention als sehr hilfreich erwiesen, gerade in Situationen, die beraterisch schwierig für mich waren, energielos oder unterschwellig aggressiv geladen.

Die Frage stellt sich für jede Beraterin und jeden Berater in irgendeiner Form: Wie werde ich diesen Präsenz-Ansprüchen gerecht. Auf die Intervisionsgruppe als Clearingstelle und mental-emotionale Tankstelle habe ich schon hingewiesen. Ich denke, um den viel zitierten inneren Bewegungsraum zu erhalten, braucht es noch etwas anderes.

Präsenz ist in erster Linie eine Haltung, die durch entsprechende Rituale geübt werden kann. Manchmal ist schon das entspannte Duschen am Morgen ein kleiner Schritt in diese Richtung. Neben anderen Formen der Entspannung empfinde ich den Weg zur Arbeit mit dem Fahrrad meistens als einen Moment des Innehaltens und gleichzeitig der Bewegung der Gedanken durch Bewegung. Beraterinnen und Berater sollten sich ebenso Gedanken darüber machen, was sie ihrem Stress entgegensetzen können, um nicht selbst ins Burnout zu kommen.

Scham und das »Auge des Dorfes«

Es gibt Teams und Coachees, da spüre ich die innere Freiheit, »einfach« dabei zu sein. Sie ist fühlbar an den Möglichkeiten zur Kreativität oder auch daran, Ungewöhnliches wagen zu können. Wolfgang Looss (2012, S. 77) hat den Begriff der »reflexiven Kumpanei« geprägt, der gut in diesen Kontext passt. Das mag zuerst irritieren. Wenn ich mir meine konkreten Prozesse anschaue, bekommt dieser Begriff von der reflexiven Kumpanei eine klare Gestalt. Es sind die Prozesse, in denen im Laufe einer gewissen Zeit ein »Raum der Ermöglichung« (Jung 2012, S. 187) entstanden ist. Erfahren können BeraterInnen und Ratsuchende eine Nähe, die Resonanz und Schwingungen zulässt, ohne dass Unterschiede zugedeckt werden müssen. Es sind die Prozesse, in denen ich mich als Berater frei fühle, auch unangenehme Dinge angstfrei anzusprechen, im Wissen darum, dass ich gehört und zugleich verstanden werde. Möglich sind in diesem Klima der reflexiven Kumpanei auch Humor und Witz, die meinerseits kein Volltreffer sein müssen, die aber so gestaltet sein sollten, dass sie vor Beschämung schützen und im besten Falle befreiendes Lachen und Kreativität freisetzen.

Dann gibt es Teams, da fühle ich mich zu Beginn wie in einer Ritterrüstung eingeklemmt. Ich wäge dann alles vorsichtig ab, bis der mutmaßlich richtige Augenblick verpasst ist. Es kann dann passieren, dass mich der Mut verlässt, Dinge anzusprechen, die eigentlich bedeutsam sind, aus Furcht, es könnte falsch sein, Kritik provozieren, mich beschämen oder zum Abbruch der Beratung führen. Dabei weiß ich, dass dies immer Ausdruck einer gegenseitigen Angst beziehungsweise Unsicherheit ist. Aber manchmal versagt das Wissen und der subjektive Bewegungsspielraum, der für die Entfaltung lebendiger Interventionen unabdingbar ist, bleibt eingeschränkt.

Beschämungen finden immer in der realen und fantasierten Öffentlichkeit statt – gleich ob beim/bei der BeraterIn oder KlientIn –, und zwar durch das Hinzukommen eines/einer Dritten, der/die damit die Öffentlichkeit repräsentiert. Eine Metapher, die das für mich besonders gut beschreibt, stammt von dem Ethnologen Hans-Peter Duerr (1994, S. 112). Er beschreibt die Quelle der Scham anschaulich mit dem sinnbildlichen »Auge des Dorfes«. Ich stelle mir in dem Bild eine einzelne Person vor, die schutzlos auf dem Dorfplatz steht und von der Gemeinschaft beobachtet wird.

> Dazu möchte ich ein frühes Kindheitserleben einfügen: In unserem Haus in Maxwald wohnte bei unserem Einzug noch eine Familie mit zwei Kindern. Der Vater war als Helfer in der Baumschule angestellt. Ich schätze, ich war fünf Jahre alt, der Sohn der Familie war etwa gleichaltrig. Seine jüngere Schwester war etwa drei bis vier Jahre alt war. Der Sohn und ich mussten wohl so eine Ahnung gehabt haben, dass es zwischen Jungen und Mädchen Unterschiede gibt. Um dem nachzugehen, wollten wir seine Schwester untersuchen. Diese schien damit auch sehr einverstanden zu sein. Als Ort suchten wir uns den großen Platz vor dem Haus aus. Wir waren gerade dabei, ihren Rock hochzuheben und ihren Slip auszuziehen, als jemand wild an die Fensterscheibe donnerte und uns aufforderte, das sofort sein zu lassen. Erschrocken rannten wir weg, ohne eine Idee davon zu haben, was wir Schlimmes angestellt haben könnten. Aufgrund dieses Scham-Urerlebnisses spricht mich das Bild von Dürr direkt an. »Geh in die Ecke und schäm dich!«, so lautete ein oft

gehörter Satz aus meiner ersten dörflichen Grundschulzeit. Der betroffene Schüler (meistens waren es Jungen) musste sich dann in eine dafür bestimmte Ecke des Klassenzimmers stellen, mit dem Gesicht in die Ecke schauen und der Klasse den Rücken zukehren. Ich brauche wohl nicht weiter auszuführen, was für ein Gefühl das war. Ob wir uns dann wirklich geschämt haben, weiß ich nicht, wohl aber, dass Scham etwas Unangenehmes ist und mit Verbotenem zu tun hat. Wir sollten uns oft und für vieles schämen.

Der Beschämte ist mit der Gemeinschaft verbunden und zugleich von ihr getrennt. Im übertragenen Sinne stehen auch der/die Beratende und das Klientel quasi für alle sichtbar und verletzlich auf dem Dorfplatz. Die Scham ist deshalb ein so bedeutsames Gefühl, weil sie mit der Angst einhergeht, von der Gemeinschaft ausgeschlossen zu werden. Das scheint im Widerspruch zu dem für jeden Menschen lebenswichtigen Bedürfnis nach Verbundenheit zu stehen.

> »In der Scham wird eine paradoxe Verbindung sichtbar: Einerseits tritt Scham intensiv am wahrscheinlichsten im Kontext bedeutsamer Beziehungen auf. Andererseits wird dieser zwischenmenschliche Kontakt und die intersubjektive Verbindung durch die Scham zeitweise zerstört oder stark behindert. Die Scham als intersubjektiver Affekt kann somit als Angst vor dem ›Fallen-gelassen-Werden‹ bezeichnet werden, das die Gemeinschaft mit einem Ausschluss bewirken könnte [...]. Aus dieser Sicht ist Scham [...] ein Affekt, der notwendig ist, um die Bindung zum anderen zu erhalten« (Tiedemann 2008, S. 258).

So viel scheint klar zu sein: Schamgefühle sind zutiefst individuell und werden verbal eher selten als solche benannt, meist bleiben sie im sprachlosen Affekt. Sie manifestieren sich körperlich oder werden agiert durch Rückzug, Hilflosigkeit oder Aggression.

Norbert Elias (1969) sieht das Entstehen von Schamgefühlen im Zusammenhang mit der »Modellierung der Affekte« zu Beginn des 16. Jahrhunderts. Unter dem zunehmenden Konkurrenzdruck durch Handel und Handwerk differenzieren sich die gesellschaftlichen Funktionen mehr und mehr. Je ansehnlicher die Macht und der Einfluss, desto höher der »Zwang zur Selbstregulierung«, wie Norbert Elias den Beginn der Zivilisation als Ummodellierung des Triebverhaltens beschreibt. Planung und Vorsorge müssen unter diesen Bedingungen der Kontrolle und Eindämmung von Affekten und Wallungen weichen, um den mühsam erreichten Status nicht leichtfertig zu gefährden. So hat im Verlauf der letzten fünfhundert Jahre ein tiefgreifender Wandel in der »sozialen Modellierung« der Affekte, der vitalen Bedürfnisse und der körperlichen Funktionen stattgefunden, weil diese nämlich hinter die Kulissen des öffentlichen Lebens geschoben worden sind. Dabei denkt Elias etwa an die Privatisierung von Sexualität, Nacktheit, Defäktion, der Körpergeräusche, des Körpergeruchs, also der Trennung zwischen öffentlichem und privatem Bereich.

> »Das Schamgefühl ist eine spezifische Erregung, eine Art von Angst, die sich automatisch und gewohnheitsmäßig bei bestimmten Anlässen in dem Einzelnen reproduziert. Es ist, oberflächlich betrachtet, eine Angst vor der sozialen Degradierung. Oder, allgemeiner gesagt, vor den Überlegenheitsgesten Anderer; aber es ist eine Form der Unlust oder Angst, die sich dann herstellt und sich dadurch auszeichnet, daß der Mensch, der die Überlegenheit fürchten muss, diese Gefahr weder unmittelbar durch einen körperlichen Angriff, noch durch irgendeine Art des Angriffs abwehren kann« (Elias 1969, S. 397).

Beratung ist wohl immer ein riskantes Unternehmen: Als Berater riskiere ich es durch meine Interventionen, Unverständnis und vielleicht auch Ärger oder Rückzug bei den KlientInnen auszulösen. Leichte Beschämungsspuren bei mir können die Folge sein.

Den KlientInnen geht es dann grundsätzlich nicht anders. Wenn sie sich im Kreis der Öffentlichkeit mit ihren Anliegen positionieren, schwingt potenziell ebenfalls eine unausgesprochene Beschämungsangst mit. Wenn Beratung etwas zum Klingen bringen soll, geht es nicht ohne den Preis einer gewissen Verunsicherung, die »zugleich potentiell einen Übergang zu einem veränderten Denken und Handeln bzw. neuem Selbstverständnis darstellt« (Thiel 2016, S. 488). Etwas zugespitzter haben Klaus Obermeyer und ich es (Obermeyer & Pühl 2015, S. 143) als »sanfte Beschämung« beschrieben, die jeder Beratung, die hilfreich sein soll, immanent ist. BeraterInnen in ihrer Rolle sind als »Schammanager« (Hilgers 2013, S. 212) gefordert. Sie werden versuchen, eine Sprache zu sprechen, die eine Haltung der Anerkennung und Fehlerfreundlichkeit vermittelt. Es ist sinnvoll, mögliche Schamerfahrungen in der Beratung behutsam anzusprechen und damit eine Kultur zu befördern, in der milde Scham als alltäglich und bewältigbar erlebt werden kann.

Kulturschock – der zweite

Seit 1959 lebten mein jüngerer Bruder und ich inzwischen bei meiner Mutter in der Großstadt Bremen. Ich besuchte die fünfte Klasse. Hier war alles modern. Hier gab es nun richtige Tische. Die alten Schulbänke meiner Zwergschule waren vergessen. Immer zwei Tische standen sich gegenüber mit vier Stühlen, die sich sogar drehen ließen. Dies war auch notwendig, denn die Tische standen kreuz und quer im Raum verteilt. Es war sogar erwünscht, dass wir SchülerInnen miteinander sprechen. Mussten wir in unserer Dorfschule die Hände noch gefaltet auf den Tisch legen, wenn der Lehrer sprach, schien hier alles durcheinander zu gehen. Unsere Lehrerin, Frau Berger, war eine dynamische Mitvierzigerin. Sie verstand es, den Unterricht ohne Rohrstock und Strafarbeiten zu gestalten. Ich wunderte mich anfangs, wenn SchülerInnen mitten im Unterricht einfach aufstanden und meinten, sie müssten mal auf die Toilette gehen. Frau Berger nickte freundlich und nichts passierte. Ich war in einer anderen Welt angekommen. Alle Klassenräume hatten nun auch einen Lautsprecher, über den der Direktor zu uns sprechen konnte. Das tat er zwar selten, dann aber mit bedeutungsvoller Stimme. In der Pause blieben die SchülerInnen in den Klassenzimmern, wenn der Schulhof vereist war. Am Beginn des Schuljahres gab es alle Bücher kostenlos, sogar den großen Schulatlas. Er ziert heute noch mein Bücherregal. Wenn die Hefte vollgeschrieben waren, ging man einfach zum Klassensprecher, der gewichtig den Schrank aufschloss und ein neues Heft herausholte. Geradezu paradiesische Zustände schienen hier zu herrschen.

Aber da gab es noch die Pausen, die wir auf dem weitläufigen Schulhof verbringen durften (oder sollte ich sagen: verbringen mussten?). Hier fand das Paradies ein jähes Ende. Immer wieder gab es Rangeleien zwischen den Jungen auf dem Hof. Auch das war für mich etwas Neues. Ich empfand mich nicht mehr wie ein Indianer, sondern als schwächlich – oder war ich nur schüchtern? Jedenfalls wurden mir öfter Prügel angedroht. Ich zitterte vor jeder Pause. Bis sich Udo, der größte aus der Klasse, als mein Beistand anbot. Er wich mir nicht mehr von der Seite und ich fühlte mich beschützt.

Wieder einmal sollte Fasching gefeiert werden. Fasching in Norddeutschland ist so komisch wie ein Überseehafen in Köln. Auch so etwas hatte es im tiefen Ammerland nicht gegeben. Vermutlich verkleidete ich mich als Indianer. Das lag nahe. Die anderen Jungen kamen als Cowboy oder Seemann. Die Mädchen waren da schon etwas einfallsreicher und sahen viel bunter und älter aus. Frau Berger versuchte, den modernen Klassenraum durch Luftschlangen dem Anlass anzupassen. Ihre Mühe war bewundernswert, das Ergebnis hielt sich in Grenzen. Draußen wurde es langsam dunkler und so musste passieren, auf was ich nicht vorbereitet war. Frau Berger warf den Plattenspieler mit eingebautem Lautsprecher an. Heraus quoll ein Schwall lauter Klänge, dazu ertönte die auffordernde Stimme von Frau Berger: »Nun wird getanzt.« Dies war für uns Jungen das eindeutige Zeichen, uns in eine Ecke zu verziehen. Wie auf Kommando bildeten wir eine dichte Mauer gegen die Bedrohung, die da in Form tanzwilliger Mädchen auf uns zurollen könnte. Und so war es denn auch. Es gab kein Zurück. Mit der aufmunternden Unterstützung von Frau Berger, »es könne ja nichts passieren«, stürmten die Mädchen auf unsere sicher geglaubte Festung zu. Einer nach dem anderen wurde auf die Tanzfläche gezogen. An meinem Ärmel machte sich Margit zu schaffen.

Sie saß am Tisch neben mir. In Englisch war sie erheblich besser als ich. Ich schätzte sie, da sie ihr Wissen bereitwillig an mich weitergab und dadurch manche Klassenarbeit vor dem Absturz rettete und so wenigstens noch ein Ausreichend, manchmal sogar eine Drei für mich heraussprang. Das verbesserte nicht nur die Zensur, sondern ersparte manchen Stress mit meiner Mutter. Solche Arbeiten konnte ich ihr auch abends zur obligatorischen Unterschrift vorlegen. Ansonsten nutzte ich für solch unangenehme Aktionen die Zeit vor sieben Uhr in der Früh. Dann war sie noch verschlafen und schaute nicht so genau hin. Im besten Falle hatte sie am Abend auch vergessen nachzufragen. Margit sagte mir aber auch leise vor, wenn ich wieder mal nicht aufpasste und abgefragt wurde. Als Mädchen war sie nicht mein Typ. Sie war kräftig gebaut, hatte breite Schultern und ein ebensolches Gesicht. Ich schaute lieber nach den Mädchen mit einer süßen feinen Nase. Das Schauen war immer einseitig, denn diese Mädchen schauten zu den großen Jungen in der Klasse, die zudem die Draufgänger waren. Diese Draufgänger standen auch nicht in unserer Festung, als der Tanz begann. Sie waren allzeit bereit zu einem Scherz mit den Mädchen. Ich war schüchtern, wahrscheinlich wurde ich sogar rot im Gesicht, und mir fiel auch rein gar nichts ein, was ich hätte sagen können.

Auf der Tanzfläche angekommen, versuchten wir durch kräftiges schütteln aller möglichen Körperteile das zu machen, was wir uns unter Tanzen vorstellten. So etwas hatte es in meiner Dorfschule im Ammerland nicht gegeben. Wobei die meisten Menschen nicht mal wissen, wo das Ammerland überhaupt liegt. Es hat nichts mit Pommerland zu tun. Es ist die moorige Gegend zwischen Oldenburg und Westerstede. »Nein, nicht das Oldenburg in Holstein, sondern das richtige große Oldenburg«, pflege ich zu sagen.

Dann legte Frau Berger eine Vinylplatte mit langsamer Musik auf. Inzwischen spendete der Tag überhaupt kein Licht mehr, sodass es noch dunkler wurde zwischen mir und Margit. Sie zog mich fest an sich heran. Sie roch so stark nach Frau. Ein unbeschreiblicher Geruch zwischen Anziehung und Abstoßung, zwischen Geheimnisvollem und Gefangensein im Unbekannten. Frau Berger war mein Rettungsengel, sie kramte eine neue Scheibe aus ihrem Koffer, klatschte aufmunternd in die Hände: »So jetzt wechseln wir mal die Tanzpartner, das klappte ja schon ganz gut.« Neben mir stand Elisabeth. Eigentlich gehörte sie zu den Mädchen in der Klasse, zu denen ich kaum Kontakt hatte. Sie zog meine Aufmerksamkeit nicht besonders an. Jetzt stand sie losgelöst von ihrem Tanzpartner neben mir. Im Halbdunkel glänzten ihre Augen, und gegen das Licht traten ihre zarten Brüste aus ihrer Bluse ein wenig hervor. Zu wem sollte ich wechseln, wenn nicht zu Elisabeth. Die bisherigen Tanzversuche hatten doch gezeigt, dass man nicht reden musste. Das vereinfachte die Unternehmung enorm. Wir schauten uns an und die Entscheidung war gefallen. Warum nur legte Frau Berger wieder so etwas Schmusiges auf? Wollte sie ihre eigene Vergangenheit nachholen? Wir wussten, dass sie nicht verheiratet war. Sie hatte einen Dackel, von dem sie manchmal erzählte, und wohnte mit ihrer alten Mutter zusammen. Von einem Mann war nie die Rede. Eigentlich unverständlich für so eine dynamische, attraktive Frau. An das gespielte Lied kann ich mich nicht erinnern. Musik interessierte mich damals sowieso nicht. Lieber spielte ich mit Freunden aus der Klasse und der Nachbarschaft mit Wikingautos oder auf der Straße Fußball oder Verstecken. Verstecken gehörte zu meinen liebsten Spielen. Wenn der Herbst kam und es früher dunkel wurde, war es eine ausgemachte

Sache, dass sich alle Jungen – Mädchen schienen nicht dazuzugehören – am Postkasten treffen. Während einer abzählen musste und anschließend: »Eins-zwei-drei hinter mir und vor mir gibt es nicht, sonst spiel ich nicht« rufen musste, suchten wir uns unsere Verstecke, um uns freischlagen zu können.

Das Lied war so langsam, fast ein wenig traurig, Elisabeth war schlank und so groß wie ich. Vorsichtig fassten wir uns an, immer ein wenig näherkommend. Beim Drehen meines Kopfes berührte ich ihren Mund – unabsichtlich. Es war ein Versehen mit Folgen.

Ich wälzte mich die ganze Nacht im Bett, konnte nicht einschlafen. Die Lippenberührung hatte ich inzwischen in meiner Fantasie in einen Kuss verwandelt. Elisabeth ging mir nicht mehr aus dem Sinn. War sie jetzt in mich verliebt und was würde morgen in der Schule sein, wenn wieder alles normal zuging? Gedanken plagten mich. Was würde sein, wenn sie jetzt von mir ein Kind bekommt? Dass die Kinder im Bauch der Mutter wachsen, hatte mir meine Stiefmutter offenbart, als sie mit meinem Halbbruder schwanger war und langsam selber einen Bauch bekam. Die Offenbarung in dieser Form war mir peinlich. Diese Nacht war endlos lang. Sonst schlief ich immer schnell ein. Aber jetzt wälzte ich mich im Bett. Würde es Elisabeth auch so gehen? Die Folgen, wenn sie ein Kind von mir bekäme, waren unvorstellbar. Was würde meine Mutter dazu sagen? War Elisabeth ein Mädchen aus besserem Hause? Meine Mutter ließ sehr deutlich durchblicken, dass wir »etwas Besseres« waren, und dazu musste natürlich auch die Freundin passen. Der Glaube an etwas Besseres mag auf den ersten Blick reizvoll sein. Meine Mutter legte größten Wert darauf, dass wir in der Schule bei der Berufsangabe der Eltern ihre Arbeit in einer Reederei mit »Chefsekretärin« angaben. Und mein Vater war schließlich Bankdirektor gewesen. Das verpflichtet.

Heimatsuche

Ich war etwa Anfang 60, als ich mich zu einer radikalen Veränderung in meinem Beziehungsleben entschied. Es war die dritte Trennung in meinem Leben, die tiefer ging als die nach den flüchtigen, wenn auch lustvollen, kürzeren Beziehungen. Ich habe das Familienhaus verlassen, in welchem ich mit meiner Frau und unserem Sohn lebte. Da ich immer mein eigenes Zimmer hatte, war der Umzug kein besonderer Aufwand. Die Geschichte, wie ich meine neue Wohnung gefunden habe, ist erzählenswert: Jedes Jahr, immer im Sommer, luden meine damalige Frau und ich zu einer größeren Gartenparty ein. Einmal war ein neuer Nachbar erstmalig zu Gast. Wir kannten uns eigentlich kaum, aber da in unserer kleinen Straße alle irgendwie dazugehörten, gehörte auch er dazu. Seine Frau – von der er getrennt lebte – war vor Kurzem gestorben. Sie wohnte direkt gegenüber, wir kannten sie und haben ihre letzten Tage und Wochen durch Besuche begleitet. Das Haus, in dem sie wohnte, gehörte dem neuen Nachbarn, und eigentlich wollten sie dort zusammen einziehen, aber es ergab sich anders.

So also waren wir uns kurz begegnet. Als der Auszugsplan in mir reifte, fiel er mir ein, und als ich ihn zufällig auf der Straße traf, sprach ich ihn an und sagte, dass ich ein Anliegen habe und gerne mit ihm essen gehen würde. Er stimmte ohne Nachfragen zu. Alles schien so leicht zu gehen. Wie es meine Art ist, machte ich in unserer Begegnung keine großen Umwege und fragte direkt, ob er sich vorstellen könne, die leerstehende Wohnung seiner verstorbenen Partnerin zu vermieten. So knapp wie meine Frage war die Antwort: Ja, kein Problem. Ich könne einziehen und müsse nur die anteiligen Kosten zahlen. Erst mal zur Probe für ein Jahr. Dies kam mir entgegen, da ich mit meiner Trennung noch nicht ganz im Reinen war. Ich bin heute noch fasziniert, wie sich Dinge fügen können, wenn man sie mit klarem Herzen und intuitiver Führung angeht.

Warum erzähle ich diese Geschichte? Weil sie ein Puzzleteil meiner Heimatsuche – und -findung – ist. Die Wohnung allein ist nur eine kleine schutzgebende Hülle. Erdung braucht mehr. Meine sicheren Wurzeln waren durch den Umzug gekappt.

In jungen Jahren wurde mir häufig die Frage: »Wo kommst du her?« gestellt, auf die ich jahrelang keine echte Antwort wusste. Die Frage löste eher eine unbestimmte Traurigkeit und Verlegenheit aus. Besonders als ich zum Studium von Oldenburg nach Dortmund zog, wurde mir diese Frage öfter gestellt. Für meine Mitstudentinnen und -studenten war dies eine ganz normale Form der Kontaktaufnahme. Mich verunsicherte sie, ja sie machte mich traurig, weil die anderen immer wussten, wo sie verwurzelt waren. In Dortmund kamen Studierende aus der näheren Umgebung zusammen, aus dem Pütt (Ruhrgebiet), dem Münsterland und dem Siegerland. Ich begegnete der Frage, so wie heute noch, mit: »Aus der Ecke von Oldenburg und Bremen.« Gott sei Dank provozierte das keine weiteren Nachfragen. Mit einem: »Ach so« gaben sich die Fragenden dann meist zufrieden. Damals brodelte es in mir aber weiter und Neid stieg in mir auf. Nur zu gerne hätte ich auch über so eine klare Verortung verfügt. Zumindest schien sie bei anderen so klar. Waren sie so bezogen, so sicher in ihrer kulturellen Identität?

Nach meiner letzten Trennung stand ich erst einmal entwurzelt und nackt da. Auch in der Straße, in der wir wohnten und in der ich weiterhin wohnte, lösten sich die haltgebenden Verbindungen langsam auf. Nach meinen frühen Kindheitserfahrungen spielte die Straße mit meinen Jungs, Wölfi und Gaga, eine große Rolle. Mit den beiden, besonders mit dem Nachbarsjungen Wölfi, hatte ich eine tiefe Verbindung, und das trotz meines jungen Alters, denn als ich vier Jahre alt war, trennten sich meine Eltern und ich zog mit meinem kleinen Bruder zum Vater in die Nähe von Westerstede, in den Maxwald eben, und meine Mutter zog nach Bremen. Das Freundschaftsband zu Wölfi zerriss später. Als wir das Haus am Rande Berlins kauften, sagte ich immer, ich habe nicht das Haus gekauft, sondern die Straße. Vermutlich schwer vorstellbar. Warum kauft man eine Straße? Es war die, vermutlich idealisierte, dennoch tief empfundene, Verbindung zu den Jungs in Oldenburg und zu unserer Straße als Spielplatz.

Die Frage: »Wo kommst du her?« ist für mich so schwer zu beantworten, weil ich schon in früher Kindheit viele Wechsel, Ab- und Umbrüche erlebt habe und verarbeiten musste. Da war die Scheidung meiner Eltern, einhergehend mit der Trennung von der Mutter und den Jungs, dann der frühe Tod des Vaters sechs Jahre später, darauf folgend der Umzug von Maxwald nach Bremen zu meiner Mutter. Meine Bankkaufmannslehre absolvierte ich dann in Oldenburg in der Bank, in der mein Vater Direktor war. Ich habe ihn dort gesucht und in einigen Akten im Keller mit von ihm unterschriebenen Verfügungen nur bedingt gefunden. In Oldenburg, meiner Geburtsstadt, habe ich auch Wölfi wieder getroffen, wir waren dann während meiner Lehrzeit freundschaftlich verbunden und sahen uns mindestens einmal in der Woche beim Reiten. Alle Versuche, Oldenburg zu meiner Heimatstadt zu machen, waren vergebens.

Hier habe ich meine Wurzeln gesucht, aber nicht gefunden. Gefunden habe ich dennoch etwas sehr Wesentliches, meine erste große Liebe. Sie hieß Karin und wir fingen zur selben Zeit die Ausbildung an. So blieb es nicht aus, dass wir uns öfter trafen, bis aus den Treffen eine Liebesbeziehung wurde, die auch in Dortmund andauerte. Ich hatte noch eine junge Frau als Kollegin in der Bank, die mir erzählte, dass ihr Vater seinerzeit Geschäftsführer eines bekannten Restaurants in Oldenburg war. Dort hatte mein Vater regelmäßig verkehrt und ihr Vater konnte sich gut an meinen Vater erinnern. Nicht erinnern konnte er sich daran, dass mein Vater mich als Kind nachts mitbrachte. Meine Mutter erzählte immer wieder, dass mein Vater mich manchmal, ich muss so drei oder vier Jahre alte gewesen sein, aus dem Bett riss und mit ins Lokal nahm. Nun erzählen Geschiedene ja gerne Geschichten über den/die ExpartnerIn, die mit viel Fantasie angereichert und durchsetzt sind. Sollte diese Geschichte einen wahren Kern haben, kann ich jetzt auch versuchen, das Verhalten meines Vaters als ein Zeichen von Liebe zu sehen, als Stolz des Vaters auf den Sohn und seiner Sehnsucht nach Kontakt. So sollte sie aus der Perspektive meiner Mutter wahrlich nicht klingen.

Es war ein langer therapeutischer und menschlicher Weg, die Wunden heilen zu lassen. Dankbar bin ich für das reiche und breite Therapieangebot, das in unserer Gesellschaft zur Verfügung steht. Wenn ich in meinen Beratungen und Ausbildungen Therapie als Geschenk preise, schaue ich meist in etwas irritierte Gesichter. Zu groß ist immer noch die Scham, sich diese Art von Unterstützung zu holen. Ich sage dann oft, dass es doch beglückender sein kann, sich eine Selbsterfahrung zu gönnen, statt eine teure Reise zu unternehmen. Trotz meiner vielfältigen therapeutischen Klärungen bleiben ausreichend normalneurotische Dellen übrig, die Freud (1937) als »Restneurose« bezeichnet hat. Er plädierte, als Konsequenz daraus, für eine »unendliche Analyse« (S. 96). Alte und neue Verstrickungen stellen immer wieder Lernfelder für persönliche und professionelle Entwicklung bereit. Das Geschenk, das darin enthalten ist, braucht manches Mal etwas Zeit und Geduld, um als solches entdeckt zu werden. Im Beratungsalltag stellt meine Intervisionsgruppe einen vertrauensvollen Raum für Selbstreflexion zur Verfügung.

Meine erste methodische Orientierung war die Gruppenanalyse. Hierbei handelt es sich um eine Synthese aus Psychoanalyse und Gestalttheorie. Diese praxisrelevante Erweiterung geht auf S.H. Foulkes (1992 [1974]) zurück, in dessen Konzept die Gruppenmatrix eine zentrale Bedeutung hat. Auf Foulkes bin ich im Rahmen meiner mehrjährigen eigenen Gruppenanalyse gestoßen. Manchmal bin ich geneigt zu behaupten, dass diese intensive Gruppenerfahrung für mich ein wichtiger Meilenstein auf meinem Weg zu einem sozialen Wesen war. Freilich sind das große Worte. Charakteristisch an dieser Gruppe war ihr starker Realitätsbezug. Hier nahm niemand ein Blatt vor den Mund. Dinge, die sonst nur gedacht werden, wurden hier ausgesprochen. Das war zwar oft kränkend, bot aber auch neue Formen des Kontakts, der Solidarität und des Sichverstandenfühlens. Wenn Foulkes (ebd.) sagt, dass jede Kommunikationsverbesserung in der Gruppe ein Stück mehr soziale Gesundheit bedeutet, so ist dies zu einem Leitsatz meiner Gruppenerfahrung geworden.

An dieser Stelle noch ein Wort zu Foulkes. Er war Psychoanalytiker und hat in den 1930er Jahren in Frankfurt am Main eine psychoanalytische Ambulanz aufgebaut, nachdem er einige Jahre mit dem bekannten Neurologen Kurt Goldstein zusammengearbeitet hatte. Goldstein wurde zum Anhänger der Gestalttheorie. Durch seine Arbeit mit Gehirnverletzten stellte er fest, dass die Funktion verletzter Gehirnteile teilweise von anderen Gehirnteilen übernommen werden. So trug er auf seine Art zu einem Leitsatz der Gestalttheorie bei, nach der das Ganze mehr ist als die Summe seiner Teile. Die Kontakte von Foulkes gingen aber weiter: Im selben Hause wie seine Ambulanz befand sich das Sozialwissenschaftliche Institut von Theodor W. Adorno und Herbert Marcuse, mit denen es einen regen Gedankenaustausch gab. Zusammen mit dem erst spät bekanntgewordenen Soziologen Norbert Elias hat Foulkes nach seiner Emigration nach London eine Gruppe geleitet und mit Jakob L. Moreno sogar einen Gruppentherapieverband gegründet. So wundert es nicht, dass Foulkes die Gruppenmatrix in den Mittelpunkt seiner Theorie stellte, war er doch selbst – auf seine Art – Stifter vieler engagierter sozialwissenschaftlich-gruppenbezogener Strömungen.

Selbstkritisch beobachte ich an mir manchmal eine gewisse Art von Überheblichkeit, die versucht, gegen Grenzen anzurennen und ein »Geht nicht« zu ignorieren. Ich bin dabei, mich mit dieser Schattenseite zu versöhnen, weil ich diesen Habitus auf meinen Überlebenskampf und ein Schutzbedürfnis vor allzu tiefen Verletzungen zurückführe. Diese Hülle verdeckt freilich meine Verletzlichkeit und macht auch ein wenig einsam.

Nachwort

Klaus Obermeyer

Der voranstehende Essay schlägt eine eigentümliche Tonart an. Irgendwo zwischen Vermächtnis und Neugeburt schwingt der Text. Alt? Jung? Alterslos?

Harald Pühls erste Buchpublikation zur Supervision erschien im Jahr 1983. Von da an hat er sich immer wieder, als theorieaffiner Praktiker, im Bücher- und Zeitschriftenwald zu Wort gemeldet. Vermutlich gehört er bis heute zu den meistzitierten AutorInnen dieser kleinen Supervisionsszene. Er hat mich, den gut zehn Jahre jüngeren Oldie, und viele andere immer wieder ermutigt, geschriebene Worte für das Unaussprechliche zu suchen.

Der fachliche Teil dieser Schrift, kehrt zurück zu einigen Brennpunkten, die in Pühls Lebenswerk bestimmend waren. Der trianguläre Raum als Bühne für die triadischen Grundängste, die in der Uneindeutigkeit der Dreiecksverhältnisse zu tragen sind. Die Scham – oft ungeliebte Begleiterin unserer Bemühungen – die doch, in Pühls Verständnis, tief in die Struktur halbwegs öffentlicher Begegnungen auf den Marktplätzen der Beratung eingeschrieben ist. Schließlich die an Yalom und fernöstliche Philosophie anschließende Idee der Präsenz. Sie ist für Pühl ein Idealbild wacher und freier Kontaktfähigkeit. Ein Daseinsmodus der Beraterin, der den Hindernissen der Verwicklung und Verstrickung in Beratungsbeziehungen mit Tapferkeit zu begegnen sucht, ohne dabei deren unbewusste Wirkmacht infrage zu stellen.

Die andere – biografische – Spur zeigt uns einen anderen Autor, der nur dem Namen nach mit dem Fachbuchautor identisch ist. Ein mal drei, mal fünf, mal zehn Jahre alter Junge gibt in anrührender Unmittelbarkeit Einblick in Kindheitsszenen. Wir lernen einen Jungen kennen, einsam unter einem Dach aus Kiefernzweigen auf den Vater wartend, in sadistischer Trance auf der Straße Frösche traktierend, auf der Schwelle zum Schlafzimmer der Eltern unter sich lassend, verstört dem Duft des jungen Eros begegnend. Beide Texte, die fachliche Reflexion einerseits und die Schlaglichter einer Nachkriegskindheit andererseits, laufen, ohne expliziten Bezug zueinander, nebeneinanderher.

Pühl selbst verbindet die beiden Ebenen im Text nur an einer Stelle direkt. So stellt er lakonisch fest, dass das ambivalente Beziehungsangebot in den Organisationen »die eigene Biografie zwangsläufig mobilisiert« (S. 67).

Was dabei aber genau passiert, welche Transmissionsmechanismen frühe Erfahrungen in Beratungshandeln gerinnen lassen, wird im Essay mit Bedacht nicht expliziert. Pühl verweigert eine trianguläre Vermittlung seiner beiden Erzählstränge. Als LeserInnen sind wir also aufgefordert, uns unseren eigenen Reim auf die hier angedeutete Brücke von Damals zu Heute zu machen.

Die Gegenwärtigkeit unserer Kindheit ist sehr naheliegend. Ein psychologischer Allgemeinplatz, der doch in seinen Implikationen kaum stimmig in Worte zu fassen ist. Die Sphäre unterliegt dem Unbewussten und unsere Erinnerungen sind selbst durch Motive aus der Gegenwart überschrieben. Jegliche Erinnerung unterliegt, wie wir spätestens seit Freuds Hinweis auf das Prinzip der Nachträglichkeit wissen, permanenter Umgestaltung. Was genau vor Jahrzehnten passiert ist und wie wir es erlebt haben, lässt sich heute beim besten Willen nicht mehr sagen.

Der Romancier Heimito von Doderer (1938, S. 4) hat dieses subtile Verhältnis von Allgegenwärtigkeit und Unschärfe so auf den Punkt gebracht:

> »Jeder bekommt seine Kindheit über den Kopf gestülpt wie einen Eimer. Später erst zeigt sich, was darin war. Aber ein ganzes Leben

> lang rinnt das an uns herunter, da mag einer die Kleider oder auch Kostüme wechseln wie er will.«

Was also können wir erahnen, wenn ein Fachautor Szenen aus seiner Kindheit erinnert, wie Pühl sie beschreibt? Zunächst werden wir mit der Nase darauf gestoßen, dass Theorie von Menschen aus Fleisch und Blut betrieben wird. Aber die Verbindung von Biografie und Professionalität ist nicht linear. Weder ist unsere professionelle Praxis abhängige Variable unserer theoretischen Prämissen, noch hilft ein Blick durchs Schlüsselloch, um von persönlichen Lebensumständen direkt auf unser Handeln zu schließen (vgl. Thomä et al. 2015, S. 8). Beide Sphären erhellen sich aber wechselseitig. Wenn AutorInnen ihr Schweigen über ihre Biografie brechen,

> »so brechen sie auch mit dem Gesetz, das im Reich des Geistes über viele Jahrhunderte gegolten hat: dass nämlich die Denker ihre Stimme erheben, jedoch nicht in eigener Sache sprechen, dass sie so tun sollten, als ginge es nicht um sie, als gäbe es sie eigentlich gar nicht« (ebd., S. 9).

Durch die Zweigleisigkeit der Erzählstränge in Pühls Essay ist nicht nur die Frage aufgeworfen, welche Rolle unsere Kindheitserlebnisse in der Gestaltung unserer Beratungsarbeit im Hier und Jetzt spielen. Als LeserInnen können wir hier zudem der Frage nachspüren, was eigentlich zwischen zwei Texten geschieht. Das von Pühl gewählte Stilmittel erinnert an ein bahnbrechendes Werk des Philosophen Jacques Derrida (2006), der in seinem Buch *Glas* (dt. *Totenglocke*) von 1974 zwei scheinbar unabhängige Texte in zwei Spalten nebeneinander anordnet. In der einen Spalte setzt sich Derrida mit Hegels Dialektik des absoluten Geistes auseinander. Die andere Spalte ist Jean Genet gewidmet. Einem Autor, der der unmittelbaren sinnlichen Erfahrung und den Lebenswelten der Deklassierten und Ausgegrenzten bis an den Rand des Obszönen verbunden war. Hegels Überhöhung des Geistigen wird hier nicht nur argumentativ die Totenglocke geläutet. Die parallellaufende Welt des Jean Genet eröffnet in unmittelbarer Nachbarschaft die Sphäre des Körperlichen. Jene Welt der verkörperten Handlungsbereitschaften, von der das kognitive Denken vielleicht etwas ahnt, aber definitiv nichts weiß.

Mit Pühls Kindheitsszenen scheint es mir eine ähnliche Bewandtnis zu haben. Diese Kindheit wirkt vor allem in den verkörperten Speichern fort und grundiert sowohl Pühls konzeptionelles Denken als auch seine konkrete Beratungsarbeit. Die verkörperte Erfahrung wird zur unbewusst wirksamen Leitplanke, lässt uns fühlen, denken und tun, ohne auf diese Transformationen, im Augenblick ihrer Wirksamkeit, reflexiven Zugriff zu gewähren. Kindheitserfahrungen konstituieren Unverfügbarkeit.

Was uns bleibt, sind mehr oder weniger schemenhafte, mehr oder weniger überschriebene und konstruierte Erinnerungen. Vor allem aber bleibt uns der verkörperte Habitus. Ein reflexhaftes Arsenal an Handlungsbereitschaften, deren Quellgebiete unsere frühen Erfahrungen sind.

Die Relevanz unserer Kindheit für unsere Beratungsarbeit erschließt sich vermutlich vor allem, wenn wir uns für unsere unreflektierten, häufig vollkommen unbewussten Beiträge zu den Handlungsdialogen in der Triade interessieren. Das also, was wir ganz beiläufig ausstrahlen, was uns eben mal so rausrutscht, was wir möglicherweise in einer Weise tun, über die wir uns wenig später selbst wundern. Diese allgegenwärtige Ebene des Agierens, unserer Enactments in der Beratung (vgl. Heisterkamp 2004), ist nicht abzustellen oder unter Kontrolle zu bringen. Die Weitung unserer Toleranz gegenüber dieser durchaus verunsichernden Denkfigur verdanken wir vor allem den intersubjektiv orientierten Traditionslinien der Psychoanalyse. Unsere Interventionen sind durchwachsen von kleinen Gereiztheiten, latenten Entwertungen, subtilen Schwärmereien. Wir geraten in kritische Zonen, wenn wir uns empören, uns verklärender Idealisierung überlassen oder von missionarischem Eifer gepackt sind. Die Zone der Enactments – oft das Salz in der Suppe vieler Beratungsprozesse – nährt sich aus den verkörperten Sedimenten unserer frühen Erfahrungen. Der verkörperte Habitus erzählt immer auch von archaischer Bedürftigkeit und von der Abhängigkeit, in die wir qua Existenz geworfen sind. Zwei Qualitäten, die nicht nur in den Arbeitswelten hochgradig tabuisiert sind. Autonomie und Resilienz, die Kardinaltugenden der Moderne, feiern die Souveränität und verpönen Angewiesenheit und sehnendes Verlangen. Wer sein Agieren in Teilen verstehen und damit in gedeihlicher Weise umgehen will, braucht ein freundliches Verhältnis zu seinem inneren Kind. Zu dessen Erfülltheit, Mangel, Sehnen, Destruktivität, dessen sprachlosem Erschrecken und Staunen.

Wer Harald Pühl je als Berater oder Lehrenden erlebt hat, weiß, dass dieser Profi seine Subjektivität selten an den Garderobenhaken hängt. Der kleine Junge aus dem Oldenburgischen sitzt ihm auf den Schultern und kann jederzeit auf die Bühne springen und die Szene beherrschen. Das kann schon mal ins Auge gehen. Pühls Enactments sind beherzt, riskant, manchmal lustvoll, oft für ihn und andere schmerzlich. In den allermeisten Fällen entwickeln sich aus solchen durchaus von impulsiver Spontaneität getragenen Reibereien bewegende Momente des Kontakts. Wenn es gelingt, aus dem lustvollen Überschwang oder der gereizten Attacke zurückzurudern und gemeinsam eine reflexive Position einzunehmen, können daraus Wendepunkte, evidente »Wandlungserfahrungen« (ebd., S. 114) in der Entwicklung der Arbeitsgruppe entstehen.

Ich erinnere mich an eine Situation in einer Ausbildungsgruppe, an der wir – Pühl und ich – beide beteiligt waren. Er als Gastdozent, ich in der Rolle des – mit der Gruppe vertrauteren – Kursleiters. Pühl hatte zu einem früheren Zeitpunkt schon einmal mit der Gruppe gearbeitet. Es war damals, vor dem Hintergrund organisationsdynamischer Turbulenzen, zu einer gewissen Verwicklung zwischen ihm und der Kursgruppe gekommen. Inzwischen war viel Zeit vergangen. Die Gruppe hatte einen beträchtlichen Entwicklungsweg hinter sich und schien weitgehend von den Unebenheiten der Vergangenheit distanziert. Nach wenigen Stunden gemeinsamer Arbeit bestand der Kollege Pühl, scheinbar aus heiterem Himmel, auf einer Klärung der Kooperationsbasis zwischen ihm und der Gruppe. Dies dulde keinen weiteren Aufschub und müsse – unabhängig von anderen Planungen – sofort erfolgen. Er fühle sich unwohl, vom Kontakt mit der Gruppe abgeschnitten, und wolle so nicht weitermachen.

In einem kurzen Austausch berichtete Pühl von seinen Ausschlussängsten und erhielt einige differenzierte Rückmeldungen aus der Gruppe, wie diese die Zusammenarbeit erinnere und heute erlebe. Danach war der Spuk vorbei und es konnte weitergehen.

Im weiteren Verlauf ihrer Arbeit erinnerte diese Gruppe diese Erfahrung auch lange Zeit später noch als eine ressourcenvolle Schlüsselstelle, einen »Gegenwartsmoment« (Stern 2005) ihrer Entwicklung. Das Privileg, die fachliche Autorität Harald Pühl in seiner Besorgnis und Verunsicherung sowie seinen unverstellten Umgang mit dieser inneren Schieflage erleben zu können, stärkte die Handlungsfähigkeit der GruppenteilnehmerInnen im Umgang mit selbst erlebten Disruptionen im Kontakt.

Kehren wir noch einmal zurück zur Zwiespältigkeit der beiden Textsorten. Bei Derrida der vergeistigte Hegel versus Genets Sinnlichkeit. Bei Pühl die Stimme des theoriegesättigten Fachmanns versus der des Kindes, das nach Worten für seine Widerfahrnisse sucht. Beide Stimmen sind jeweils durch ihren Bezug auf ein gemeinsames Thema verbunden und bestehen doch energisch auf ihrer Eigenständigkeit. Sich als LeserIn zu solcher Zweistimmigkeit ins Verhältnis zu setzen, ist selbstredend eine trianguläre Herausforderung.

Derrida hat seine in *Glas* gelegentlich auftauchenden, typografisch abgesetzten Kommentare zu den Textspalten als »Judas-Text« bezeichnet. Dieser biete – so der Derrida-Rezensent Guido Graf (2007) – »verräterische Einblicke wie aus einem Hinterhalt«. Derrida will anerkennen, dass die dritte Stimme, der dritte

Text, der Kommentar zwangsläufig Verrat an den beiden anderen Stimmen begeht. Sie also verfehlt, missversteht, in neuen Kontexten zitiert und fortschreibt, im eigenen Interesse ausbeutet.

Mit meiner invasiven Judasstimme könnte ich die Kindheitsszenen in aller Tollpatschigkeit auch so erzählen:

Ein kleiner Junge erlebt – wie so viele Kinder – schmerzliche Verlusterfahrungen. Er wird in die Rückzugskasernen der familiären Kriege verschleppt und setzt fortan – tapfer bis trotzig – auf Autonomie. Er nimmt die Dinge, wie sie kommen. Auch weil er – wie so viele Kinder – wenig Trost und spiegelnden Halt findet. Die Kumpanei mit gleichaltrigen Jungs nimmt ihm vielleicht nicht die Einsamkeit, aber sie relativiert das Alleinsein, wenn das Befremden über die skurrile Welt der Erwachsenen geteilt werden kann. Zudem bietet der Spielraum der Straße ein Experimentierfeld, für das Überleben unter kargen emotionalen Bedingungen und für die eine oder andere Gemeinheit, die zumindest einen Teil der Aggression ans Licht bringt. Auch die Angstlust bestandener Abenteuer kann hier mit anderen geteilt werden.

So sind das Begehren und die Sehnsucht – wie bei so vielen Kindern – so gut wie nie gestillt, aber doch verpackt, verborgen, unter Kontrolle. Und erst der heraufziehende Eros deutet an, dass die Geschichte eine Fortsetzung jenseits der genügsamen Abschottung erfahren wird.

All dies trägt Züge eines Trainingsprogramms zur Förderung beraterischer Tugenden. Pühls Kindheitserfahrungen dürften Fundamente für einige narzisstische Genügsamkeit, sowie für Isolations- und Spannungstoleranz gelegt haben. Aber wir ahnen, dass das Angewiesensein auf nährende Zuwendung, der Zorn des unversorgten Kindes, die Brüchigkeit der Autonomie-Illusion und die Furcht vor Entwurzelung wie auf einer zweiten Tonspur mitlaufen. Auch der erwachsene Berater wird weiter mit ihnen zu tun haben.

Pühls theoretisch fundiertes Loblied auf die Scham, dürfte ihm Rüstzeug sein, um sich dem Risiko solch persönlicher Berichte aussetzen zu können. Wer über das Alleinsein, die schmerzliche

Sehnsucht, über das Scheitern an Institutionen oder seine Destruktivität schreibt, ist ausgesetzt und macht sich angreifbar. Auch hier laufen wir wieder Gefahr, allein und beschämt zu bleiben vor dem Auge des Dorfes. Gleichzeitig entsteht genau an dieser Stelle auch Hoffnung auf Erneuerung.

> »Scham betrifft uns so grundlegend, weil sie die Abgrenzung eines Bewusstseins von allen anderen markiert – weil sie auf die eigene Oberfläche verweist, auf das Nicht-Eins-Sein mit der restlichen Welt. Damit macht Scham verwundbar; damit begleitet sie aber auch die Entstehung einer Person, eines *Individuums* im Wortsinne«,

so die Lyrikerin und Literatin Lea Schneider (2021, S. 13, Hervorh. im Original). Und sie fügt hinzu: »Es gibt Autor*innen und Künstler*innen, die aufgehört haben, mit der Scham zu kämpfen, und angefangen, sich für sie zu interessieren« (ebd., S. 15).

Harald Pühl dürfte zu diesen AutorInnen gehören. Aus seinen Texten spricht immer wieder der Mut, aber auch der dringende Wille zum Unikat.

Was uns vor allem als BeraterInnen ausmacht, und was wir in der Beratung alltäglich erleben, ist doch bei aller Liebe zur Theorie nur schwer exakt zu vermessen. Es spottet sprichwörtlich jeder Beschreibung. Wenn wir dies anerkennen und an George Steiners (1999, S. 27) augenzwinkerndes Wort denken, wonach Theorie nicht mehr sei als Intuition, die die Geduld verloren hat, dann erscheint der Wert der konkreten, erzählten Erfahrung in neuem Licht. Hier geht es weniger um Exaktheit als um atmosphärisches Eintauchen in Szenen, deren ZeugInnen wir werden.

Das ist die Gabe, die uns Pühl mit den Einblicken in seine Verletzlichkeit gewährt. Er erlaubt uns, an etwas teilzuhaben.

Biografische Notiz

Klaus Obermeyer ist freiberuflicher Supervisor, Organisationsberater und Mediator in Hamburg.

Literatur

Bauriedl, T. (1994). *Auch ohne Couch*. Stuttgart.

Bernfeld, S. (1969 [1925]). *Sisyphos oder die Grenzen der Erziehung*. Frankfurt a. M.

Buchholz, M. (1993). *Dreiecksgeschichten*. Göttingen.

Busse, S. & Tietel, E. (2018). *Mit dem Dritten sieht man besser – Triaden und Triangulierungen in der Arbeitswelt*. Göttingen.

Derrida, J. (2006). *Glas*. Paderborn.

Devereux, G. (1992). *Angst und Methode in den Verhaltenswissenschaften*. Frankfurt a. M.

Duerr, H.-P. (1994). *Nacktheit und Scham*. Frankfurt a. M.

Elias, N. (1969). *Über den Prozeß der Zivilisation* (2. Bd.). Bern.

Erdheim, M. (1984). *Die gesellschaftliche Produktion von Unbewußtheit. Eine Einführung in den ethnopsychoanalytischen Prozeß*. Frankfurt a. M.

Foulkes, S. (1992 [1974]). *Gruppenanalytische Psychotherapie*. München.

Freud, S. (1905). *Drei Abhandlungen zur Sexualtheorie*. *GW V*. Frankfurt a. M.

Freud, S. (1909). Der Familienroman der Neurotiker. *GW VII*, Frankfurt a. M.

Freud, S. (1912). Ratschläge für den Arzt bei der psychoanalytischen Behandlung. *GW VIII*. Frankfurt a. M.

Freud, S. (1921). *Massenpsychologie und Ich-Analyse*. *GW XIII*. Frankfurt a. M.

Freud, S. (1937). Die endliche und unendliche Analyse. *GW XVI*. Frankfurt a. M.

Glassman, B. G. (2012). Es geht ums Tun – Die spirituelle Praxis eines sozial engagierten Buddhismus. In M. Hänsel (Hrsg.), *Die spirituelle Dimension in Coaching und Beratung* (S. 380–387). Göttingen.

Graf, G. (2007). Absoluter Geist trifft auf Körperlichkeit. Deutschlandfunk am 12.11.2007. https://www.deutschlandfunk.de/absoluter-geist-trifft-auf-koerperlichkeit-100.html (19.02.2022).

Grieser, J. (2011). *Architektur des psychischen Raumes – Die Funktion des Dritten*. Gießen.

Groddeck, G. (1979 [1923]). *Das Buch vom Es*. Frankfurt a. M.

Heigl, A. (1978). *Konzepte der analytischen Gruppenpsychotherapie*. Göttingen.

Heisterkamp, G. (2004). Enactments: Basale Formen des Verstehens. *Psychoanalyse & Körper*, Nr. 5, 103–130.

Hilgers, M. (2013). *Scham. Gesichter eines Affekts* (4. Aufl.). Göttingen.
Jaeggi, R. (2005). *Entfremdung – Zur Aktualität eines sozialphilosophischen Problems*. Frankfurt a. M.
Jung, T. (2012). Achtsamkeit in systemischer Beratung und Coaching. In M. Hänsel (Hrsg.), *Die spirituelle Dimension in Coaching und Beratung* (S. 146–191). Göttingen.
Kernberg, O. (1988). *Innere Welt und äußere Realität*. München, Wien.
Laloux, F. (2014). *Reinventing Organizations*. München.
Lohre, M. (2019). *Das Opfer ist der neue Held*. Gütersloh.
Looss, W. (2012). Sinnfragen erfordern Ortsbegehungen im Grenzbereich (Interview). In M. Hänsel (Hrsg.), *Die spirituelle Dimension in Coaching und Beratung* (S. 69–80). Göttingen.
Miller, A. (1983). *Das Drama des begabten Kindes und die Suche nach dem wahren Selbst*. Frankfurt a. M.
Müller, M. (2017). *Einführung in narrative Methoden der Organisationsberatung*. Heidelberg.
Obermeyer, K. & Pühl, H. (2015). *Teamcoaching und Teamsupervision – Praxis der Teamentwicklung in Organisationen*. Göttingen.
Ottomeyer, K. (1987). Gegenübertragung, Wissenschaft und Politik. In ders., *Lebensdrama und Gesellschaft* (S. 93–102). Wien.
Parin, P., Morgenthaler, F. & Parin-Mathèy, G. (1963). *Die Weißen denken zu viel. Psychoanalytische Untersuchungen bei Dogon in Westafrika*. Zürich.
Pühl, H. (1998). *Team-Supervision – Von der Subversion zur Institutionsanalyse*. Göttingen.
Pühl, H. (2016). Innere Freiheit, Bewegungslust und der Mut zur Präsenz. In K. Obermeyer & H. Pühl (Hrsg.), *Die innere Arbeit des Beraters* (S. 59–76). Gießen.
Pühl, H. (2017). *Angst in Gruppen und Institutionen*. Gießen.
Reiche, R. (1972). Ist der Ödipuskomplex universell?. *Kursbuch 27*.
Rice, A. K. (1965). *Führung und Gruppe*. Stuttgart.
Riefort, J. (2006). *Triadisches Verstehen in sozialen Systemen. Gestaltung komplexer Wirklichkeiten*. Heidelberg.
Rosa, H. (2016). *Resonanz*. Berlin.
Scharmer, C. O. (2015). *Theorie U – Von der Zukunft her führen* (4. Aufl.). Heidelberg.
Scharmer, C. O. & Käufer, K. (2014). *Von der Zukunft her führen*. Heidelberg.
Schein, E. (2000). *Prozessberatung für die Organisation der Zukunft*. Köln.
Schneider, L. (2021). *Scham*. Berlin.
Selvini-Palazzoli, M., Anolli, L. & DiBlasio, P. (1984). *Hinter den Kulissen der Organisation*. Stuttgart.
Steiner, G. (1999). *Errata – Bilanz eines Lebens*. München.
Stern, D. N. (2005). *Der Gegenwartsmoment. Veränderungsprozess in Psychoanalyse, Psychotherapie und Alltag*. Frankfurt a. M.

Thiel, H.-U. (2016). Kommunikation und Reflexion in der Beratung. In W. Giesecke & D. Nittel (Hrsg.), *Handbuch Pädagogische Beratung über die Lebensspanne* (S. 484–492). Weinheim, Basel.

Thomä, D., Kaufmann, V. & Schmid, U. (2015). *Der Einfall des Lebens. Theorie als heimliche Autobiographie*. München.

Tiedemann, J. I. (2008). Die intersubjektive Natur der Scham. *Forum der Psychoanalyse*, 3/2008.

Tietel, E. (2004). Institutionelle Triangulierung aus psychoanalytischer und systemischer Sicht. In Triangel-Institut (Hrsg.), *Brücken und Tücken psychoanalytisch-systemischer Beratung* (S. 24–47). Berlin.

Tietel, E. (2019). Triade und triadische Dynamiken aus psychoanalytischer und systemischer Perspektive. In K. Obermeyer & H. Pühl (Hrsg.), *Übergänge in Beruf und Organisation* (S. 57–78). Gießen.

von Doderer, H. (1938). *Ein Mord den jeder begeht*. München.

Wellendorf, F. (2000). Supervision als Institutionsanalyse und zur Nachfrageanalyse. In H. Pühl (Hrsg.), *Handbuch der Supervision 2* (2. veränd. Aufl.). Berlin.

Zwiebel, R. & Weischede, G. (2015). *Buddha und Freud – Präsenz und Einsicht*. Göttingen.

Zwiebel, R. (2007). *Von der Angst, Psychoanalytiker zu sein. Das Durcharbeiten der phobischen Position*. Stuttgart.